JN442038

러브 스토리

러브 스토리

목차

작가의 말

새사람을 만났다. 뜨거운 태양이 머리 위에 떠 있는 한여름, 울타리에 가지를 뻗은 덩굴장미가 활짝 핀 시절. 새로운 만남부터 첫눈이 오는 날까지 그와 나의 소소한 감정들을 기록하고 싶다. 골목길을 환하게 비춘 가로등 불빛에 먼지처럼 날리는 첫눈일지라도 그날, 눈 내리는 날이 이야기의 마지막 장이 될 것이다. 황혼이란 무엇인가. 해 지고 어스름한 저녁, 사람으로 치면 한창인 고비를 지나 쇠퇴하여 종

말에 이른 상태. 그러면 어떤가. 사랑은 나이에 상관없이 작은 일에도 황홀경에 들고 가슴 뛰는 것이 아닐까. 각각의 계절처럼 각각의 시절마다 푸르거나 파랗거나 짙푸르거나 자기만의 향기를 가진 채로 빛나는, 그게 사랑 아닐까.

혼자 집에 있는 일요일. 후텁지근해 새벽잠을 깨고 보니, 실내 온도가 28도이다. 새벽 2시 28분, 어제의 흥분 때문일까. 자꾸 내 나이를 되짚어보게 된다. 1954년에 태어나 올해로 일흔두 살이 되었다. 그렇지만 마음은 언제나 청춘이다. 하도 들어서 나조차 식상한 말이지만, 나이 들었다고 방바닥에 붙어 앉아 마룻바닥이나 반복해서 닦고 있긴 싫다. 사람들이 인식하는 늙은 나이, 특히 젊은 사람들이라면 의레 노인이라고 부르는 나이에 들어섰는데, 그런 내게 남자 친구가 생겼다.

남자 사람 친구 아니고

남자 친구.

2025년 11월 5일

임순덕

만남

11월 말쯤이면 첫눈이 내리겠지! 4개월여 동안 어떤 이야기가 오고 갈지 나도, 그도, 아무도 모른다. 그 시간의 이야기를 모아 무엇으로든 만들어 볼 계획이다. 책이든 앨범이든 말이다. 오늘 또다시 새로운 내 삶의 목표가 생겼다. 어떤 일을 시작한다는 건 나이와는 무관하다. 사랑에 빠지면 어느 것에도 걸림없이 자유롭다. 조건이나 기대 같은 건 이 나이에 어울리지 않는다. 그냥, 인연이 닿아 마음껏 사람을 사랑하게 된 것이다. 올해는 8월이 되기 전부터 날씨가 너무 더웠다. 마당 가에 풀들도 수분을 잃은 듯 처져있고 나 역시 지친 날들의 연속이지만, 오늘은 에버랜드 옆 호암 미술관에 가기로 했다. 혼자서는 쉽게 갈 수 없었던 곳을 시인 덕분에 훌쩍 나서게 되었다. 미술관 정원을 거닐었다. 단풍나무, 백송나무 등 눈에 익은 나무들이 보기 좋게 자리 잡고 있다. 연꽃과 못 주변에 앞다투어 핀 꽃들 사이로 작은 도랑물이 흐른다. 정원은 잘 가꾸어진 숲처럼 수목이 무성하다. 습기를 머금은 날이라 걷는 동안 무더웠다. 땀이 나고 살짝 지치기도 했지만, 함께 거니는 동안 기분만은 상쾌했다. 수목이 뿜어내는 향기, 맑은 공기 거기에 좋은 사람과 함께해서였다.

이웃 사촌

아침 산책을 나갔다. 짧은 거리라도 걷다 보면 마음도 몸도 자유롭게 느껴져 날마다 일과로 삼는다. 산책을 마치고 숲길을 거의 다 내려왔는데, 늦게 올라오던 김 선생과 마주쳤다. 나는 외출할 일이 있어서 짧은 인사만 하고 내려오려는데, 그가 나를 불렀다. “잠깐만요.” 김 선생이 할 이야기가 있다고 했다. 그는 오르막길에 서서 나를 내려다보고 나는 내리막길에서 그를 올려다본다. “저 보이스피싱 당한 돈 받았어요.” 경찰서에서 범인을 붙잡았다고 연락이 와서 갔었고, 백만 원을 돌려

받았다고 했다. 사실 나는 그 일 때문에 김 선생에게 미안함이 있었다. 그날 우리 집 실내화분을 마당으로 옮겨주러 왔다가 보이스피싱을 당했기 때문이다. 화분을 옮기고 정리하면서 아주 짧게 가까운 업체 사장과 카톡으로 내용을 주고받았는데, 그게 바로 보이스피싱이었단다. 스마트폰 하나로 어떤 업무든 볼 수 있고, 소통할 수 있는 세상이라 생각지도 못한 그 일을 당한 것이나. 이쨌든 우리 집에 와서 나를 도와주다 그런 일이 생겼으니, 나로서는 미안한 마음이 컸다. 명문대 경영학과를 나온 사람이 순식간에 보이스피싱을 당했다는 말에 어이가 없었다. 나조차 기가 막히고 정신이 없었는데, 본인은 얼마나 난감했을까. 기막히고 당황스러운 심정을 차마 내 앞에서는 표현하지 못했을 것이다. 늦게나마 잃었던 돈을 찾았다는 이야기를 듣고 나니, 내 마음이 한결 가벼워졌다. 그는 이웃사촌이다. 언젠가 산책하는 내 모습이 행복해 보인다면서 그 비결이 무엇인지 듣고 싶어 했다. 우린 산책 중에 우연히 만나게 되면 소소한 생활 이야기도 할 정도로 가까워졌다. 가끔 밖에서 식사도 하고 책도 선물로 건네며 격의 없이 지내온 좋은 이웃이다. 이야기를 다 듣고 돌아서 내려오는데, 김 선생이 이번 일로 밥 한 번 사겠다고 해서 그러자고 했다. 요즘 나는 시니어 단편 영화 시나리오를 쓰고 있다. 제목이 '황혼의 숲길' 인데, 그 영화에 김 선생과 내가 조연으로 출연하기로 했다. 그것도 부부로 말이다. 촬영은 가을에 할 예정이다. 단풍이 든 숲길을 배경으로 해도 좋을 것 같다. 이웃에 이렇게 선한 마음을 가진 친구가 있어 참 좋다.

마당에 핀 연꽃

짧은 산책을 마치고 마당에 들어오니, 진녹색의 연잎이 나를 보고 손을 흔드는 것 같다. 작년에 종로에 사는 친구가 자기 집에서 뿌리가 잘 내렸다며 직접 우리 집까지 들고 와 분양해 주었다. 커다란 고무통에 진흙을 넉넉히 넣고 연을 심었다. 물을 담은 뒤에는 혹시라도 뿌리가 썩을까 신경이 쓰였는데, 다행히 잘 자랐다. 겨울에 얼지 않도록 꼭꼭 싸매준 정성 덕분인지, 건강한 잎이 여러 장 나서 우리 집 마당을 아주 돋보이게 해 준다. 넓적하고 싱싱한 잎을 볼 때마다 혼자 보기에 아깝다는 생각을 몇 번이나 했다. 드디어 백련 두 송이가 다정하게 피었다. 내 생애 처음으로 집 마당에서 두 송이 연꽃을 보는 행운을 얻은 것이다. 잎이 무럭무럭 자라더니 꽃까지 피어 명상하러 오는 도반들도 꽃을 보면서 대견해했다. 그뿐이 아니다. 큰 욕심 없이 키운 연으로 누군가에게 특별한 마음까지 전할 수 있을 것 같아 더욱 뿌듯했다. 아쉬운 건 그 깨끗하고 고운 백련이 단 이틀만 피었다가 우수수 지고야 마는 것이다. 지는 꽃을 아쉬워하다 이내 내 마음의 욕심을 알아차린다. 이틀이 아니라 열흘을 피었다 지고 나면 아쉬움이 없을까. 그저 이 작은 우리 집 마당에 와서 꽃과 향기를 선물한 연(蓮)에게 고마운 마음만 간직하자고 생각한다.

연밥

시인과 만나던 첫날을 떠올려 본다. 정확하게는 단둘이 처음 만나는 날이었다. 젊었을 때라면 예쁜 옷을 입고 치장하는 일로 시간을 보냈을 텐데, 그런 준비보다는 건강을 생각하며 몸에 좋은 음식을 만들어 선물하고 싶었다. 내 생애 처음 연잎밥을 짓기로 했다. 혹시나 부담을 가질 수도 있겠다는 생각을 잠깐 했지만, 마음이 저절로 그 일을 하게 시키는 기분이었다. 나는 생각하면 바로 행동으로 옮기는 성격이라 서둘러 마당에 있는 연잎을 따서 식초 물에 담가 놓고 찹쌀을 씻었다.

찹쌀과 호두, 잣, 대추, 은행, 호랑이 콩을 씻어 밥솥에 넣고 물을 자작하게 부은 다음 소금도 약간 넣었다. 감사하게도 이런 재료들이 늘 집에 있어서 마음만 먹으면 쉽게 만들 수가 있다. 압력밥솥의 추가 핑핑 돌아가자 집 안에 밥 짓는 향이 가득 찼다. 밥이 다 되었다. 참기름을 넣고 주걱으로 잘 섞은 다음, 잘 씻어 물기를 없앤 연잎 가운데에 밥을 적당하게 올려 예쁘게 싼 다음, 예쁜 꽂이로 고정해 마무리한다. 큰 들통에 물을 부어 찜판을 올려놓고 다시 20분을 쪄낸 후, 초록색 잎이 그대로 보존되도록 냉장고에 넣는다. 얼굴도 정확하게 기억나지 않는 시인. 시집 『뻐꾸기 한 마리 날아오르다』 표지에 있는 사진으로 얼굴을 익혔다. 시를 읽다 보니, 눈물이 줄줄 흐른다는 시어가 자주 등장해서 마음이 여린 사람이라고 짐작했다. 그의 슬픔을, 마음에 두껍게 덮여 있는 슬픔의 층을 조금이라도 더 얇게 만들어주고 싶어서 내가 먼저 선택한 만남. 용기를 낸 당당한 내 모습을 바라본다. 기쁜 마음으로 정성껏 싸 놓은 연잎밥을 들고 집을 나선다.

가섭사

충청도 가섭산 가섭사에서 바라보는 노을이 아름답다는 이야기를 듣고 도반들과 함께 길을 나섰다. 명상하는 도반이 주관하는 산사 음악회 행사가 있는 날이었다. 그곳에서 압사라 춤을 추는 하유 스님을 만났다. 첼로 연주도 하고, 프로그램이 다양하게 이어졌다. 서울로 올라올 때 스님과 함께 차를 타게 되었다. 차 안에서 이런저런 이야기 끝에 호를 짓는 것에 대해 이야기했었다. 무슨 대단한 일을 했거나 의미를 크게 생각하기보다는 새로운 이름으로 새날을 이어가면 좋겠다는 소박한 마음이었다. 다음날, 예상보다 빠르게 '목민(木旼)'이라는 호를 카톡으로 받았다. 새삼스럽게 새 이름에 대해 고민했다. 이름을 얻는다는 건 새로이 뭔가를 채워 놓고 싶은 욕심이 생긴 탓일까. 집으로 돌아오는 차 안에서 이야기를 나누다 우연히 받게 된 이름. 그래도 욕심이 아니라 결심이라 생각했다. 마음에 드는 좋은 이름을 받았으니, 그에 걸맞은 일상을 채워가려고 애써야겠다.

인연

금요일 명상을 마치고 친구들과 인사동 갤러리 '은'에서 만나기로 약속했다. 친구 양 화가가 전시회에 작품을 냈다는 소식을 들었다. 무더위에 작품을 완성하느라 수고했다는 생각에 저녁을 사 주려고 마음을 내서 나갔다. 갤러리에 좀 일찍 도착해 친구의 안내로 작품을 보고 있었는데, 마침 출품작을 낸 화가가 갤러리에 있다며 그림 설명을 직접 들을 수 있도록 배려해 주었다. 그림을 보며 1층과 2층을 오르내렸다. 작품은 우주를 주제로 했고, 그 안에 추상적으로 표현한 숲속의 요정,

시작점과의 대화, 시간의 흐름, 빛과의 대화 등이 있었다. 작품마다 밝음이 느껴졌다. 작가인 화가는 자기보다 내가 설명을 더 잘한다며 껄껄 웃었다. 그가 크게 웃는 소리가 귓전을 맴돌았다. 1층으로 내려오자 화가가 시집 한 권을 선물한다며 가방에서 꺼내 서명까지 해주었다. 나는 며칠 전에 받은 호, 목민을 서명할 때 넣어달라고 했다. 새로 받은 이름을 처음으로 사용한 기념이 되는 날이었다. 어쩌다 받은 호, 목민(木旼)이 점점 마음에 든다. 나무 목은 숲을 좋아하는 내게 잘 맞는 글자다. 지금 살고 있는 동네도 숲이 많은 곳이라 나와 인연이 깊다는 생각이 든다. 그래서 특별한 이변이 없는 한 숨이 멎을 때까지 그곳에서 살다 가려고 한다. **旼**(온화할 민)을 파자하면 날 일에 글월 문으로, 날마다 한 페이지의 블로

그 글을 쓰는 현재의 내 생활과 딱 맞아떨어진다는 생각이 든다. 목민이라는 호를 쓰기로 마음먹은 후 처음으로 싸인 받은 시집. 법문예전(法門藝展) 제5회 S대 동창 미전에서 시집 『뻐꾸기 한 마리 날아오르다』를 선물 받았다. 5시가 지나 친구들이 왔다. 함께 반가운 인사를 나누고 전시된 그림을 한 작품 한 작품 감상했다. 갤러리 문 닫는 시간은 오후 6시, 열 명이나 되는 일행이 함께 음식점으로 갔다. 음식이 나오기 전, 시인이 시집에 있는 108번뇌를 낭송해 달라고 권하기에 받았던 시집을 펴 낭송했다.

108번뇌

무언가 알았다 싶으면
무언가 문이 열렸다 싶으면
어김없이 찾아오는 먹구름
때로는 폭풍우도 몰려와
어지럽게 나를 몰아친다
차라리 구하지 않았더라면
열려고 하지 않았더라면 없었을
이 고통 이 어지러움은
108번뇌의 몇 번째 단계인가?
오늘도 보이는 푸른 하늘 흰 구름

비가 오락가락하는 장마철, 다음날도 온종일 비가 내리는 주말이었다. 시집을 펼쳐 읽는데, 부분 부분 눈물이 흐른다는 표현이 자주 나온다. 시집을 읽다 보니, 사는 곳이 나와 같은 지역이라 더 반가웠다. 네이버에 저자명을 검색해 보니, 긴 내용이 올라와 있다. 교회를 다니는 사람이고, 아내가 치매로 고생하는 십여 년을, 마지막까지 보살핀, 요즘 보기 드문 숭고한 남편이었다. 친구들이 아내를 요양시설로 옮기면 어떨까 권했지만, 사랑하는 사람을 마지막까지 자신이 보살피겠다고 했다는 어진 사람이다. 그런 사람이 아내 사후 일주기가 다가오는 즈음에 내놓은 시집에서 눈물을 자주 보인다고 적고 있다. 여린 마음을 간직한 시인을 향한 측은지심이 발동했고 내 마음이 자꾸 시인에게로 쏠렸다. 이런 내 마음을 친구에게 전하고 싶어서 양 화가에게 카톡을 보냈다. "갤러리를 찾아 주시는 발걸음에 환희 가득한 순간이 되기를 기원합니다. 다름 아니라 껄껄 웃는 웃음, 우주를 대상으로 그린 화가 손천수 선생님! 시집을 보다가 네이버에서 이름을 찾아보았습니다. 아내가 치매로 십여 년 앓는 동안 직접 간병하고... 긴 세월 뒷바라지한 그분의 숭고한 사랑을 공경합니다." 나는 내 전화번호를 시인께 알려 드리면 좋겠다고 했다. 작품전 마치고 전화 주시면 시간을 내서 이야기 나눌 시간을 가졌으면 한다는 말과 함께. 토요일에 카톡을 보내고 난 후 시간이 좀 지났다. 월요일, 갤러리 작품 전시 마지막 날이다. 오후 5시쯤 친구가 전화를 했다. 그때 나는 문화센터 수업 중이었다. 작은 목소리로 받으니, 상대방도 작은 목소리로 전화번호 확인차 걸었다며 바로 끊었다. 수업을 마치고 저녁을 먹으러 간 장소에서 내가 전화했다. 친구는 내가 보낸 카톡 내용을 손 시인께 그대로 전해주었다며, 자기 역할은 여기서 끝이라고 했다. 친구에게 고맙다는 인사를 했다. 다음날 화요일 오후 4시쯤 시인이 보낸 문자가 도착했다. 반가웠다. “김 여사께 드립니다. 전시하는 동안 양 작가에게서 부처의 모습을 느끼며 지냈습니다. 오랜 세월 굳건히 행해 오신 보시의 길에 저를 불러 주시려는 여사의 뜻에 따르기로 하였습니다. 우선 가끔 소식 전하고 대화하며 지냈으면 합니다. 주거지가 같다고 하시니 더욱 좋군요. 손천수 드립니다.”

약속

답신을 받았고 내 마음이 시인께 잘 전달된 것 같아 마음이 놓였다. 그리고 첫 만남을 기약했다. 주말, 특정한 날을 받아놓고 가슴이 설렌 날이 언제였던가. 이런 약속을 하고 나니 어쩐 일인지 눈물이 주르르 흘렀다. 혹여 극한 상황에 우울감으로 인해 한 생명이 사라질 것 같은 예감에, 마음 다스리기에 도움이 되지 않을까 해서 연락했었는데.... 막상 연결되고 나니, 나도 모르게 눈물이 났다. 동시에 "또 일 저질렀구나" 하는 탄식 같은 말이 자연스럽게 내 입에서 나왔다. 눈 감는 순간까지 번뇌 속에 사는 것이 삶이지만, 스스로 번뇌를 만들지 않으려고 애쓰며 단순, 소박하게 살기로 한 일상인데. 또 무슨 마음으로 누구에게 측은지심을 냈단 말인가? 이 번뇌의 어리석음은 무엇일까? 누구를 위한 번뇌인가? 나를 위함인가, 아니면 그를 위함인가? 결국은 나 자신을 위한 번뇌일 것이다. 과연 나는 어떤 바람으로 이번 연이 이어지기를 바라는 것인가?

기쁨과 슬픔은 같이 다닌다
이곳에서도 동이 트면 까치가 깍깍거리고
아스라이 펼쳐지는 산, 산, 산 계곡마다엔
한라산처럼 하얀 안개가 피어나고
바람 역시 일고 산 같은 구름도 밀려오더니
천둥소리 앞세워 요란하게 소낙비 쏟아진다
다시 눈물이 난다

슬픔도 서귀포에서 따라왔나 보다
_『뻐꾸기 한 마리 날아오르다』 중에서

*이사를 왔다. 온통 산으로 둘러싸인 곳이다. 하루 종일 푸른 나무들로 가득한 숲만 보고 있다. 또다시 눈물이 난다. 세상 떠난 이의 목소리가 들려온다. 숲으로 들어간다.

어쩌면 이 시를 읽으며 내가 더 마음을 낸 건지도 모른다. 혹시라도 극한 선택을 하는 상황이 올지도 모른다는 예감 때문에. 수요일 양 화가로부터 전화가 왔다. 스스럼없이 토요일에 약속을 잡았다고 말했다. 친구인 그녀가 나보다 더 기뻐했다. 시인의 아내는 3년이란 긴 시간을 치매가 심해 말을 하지 못했다고, 그런 상황에서 얼마나 외로운 시간을 보냈겠냐는 말을 전하며 좋아했다. 내가 마음을 나눌 친구로 선택한 것이라고 하자 친구는 더욱 고맙다고 했다. 화요일 카톡으로 연락을 주고받은 후, 금요일에 문자가 도착했다. "내일 제가 반바지 차림으로 나타나면 나무라실 것인지요?" "좋아요. 걱정하지 않으셔도 돼요. 날씨가 워낙 무더워요. 저는 집에서 명상하는 금요일입니다. 내일 반갑게 뵈어요." 시인은 명상을 방해한 건 아닌가 싶다며 미안해했고 나는 점심 식사 후, 쉬는 시간이라고 답했다.

첫인사

첫 번째 만나는 토요일. 약속 시간보다 조금 일찍 도착했다는 문자가 왔다. 그가 우리 집 마당에 도착한 것은 약속 시간 10분 전, 작은 차에서 내리는 모습이 청년처럼 당당해 보였다. 안경 쓴 얼굴에 반바지 차림, 젊은이 같이 생기 넘치는 목소리가 귓전에 들린다. 어제 나에게 반바지를 입어도 되는지 양해를 구했기에 나도 반바지를 입어야 하나 잠깐 망설였다. 하지만 처음 만남이니까 하는 마음에 원피스를 꺼내 입었다. 갤러리에서 처음 만났을 때의 얼굴은 기억에 없다. 식당에서도 같은 방향을 보고 앉았기에 마주 볼 기회가 없었다. 내가 기억하는 건 크게 웃던 목소리뿐이다. 그 웃는 소리에 희로애락의 애환이 다 담긴 듯한 느낌을 받았었다. 양평으로 가는 길, 녹음이 우거진 밖의 풍경을 감상하며 달린다. 한참을 달리던 시인은 에어컨 바람을 많이 맞으면 몸에 안 좋다며 창문을 약간 연다. 미지근한 바람이 차 안으로 밀려 들어온다. 그렇게 한참을 달려 도착한 곳, 힐 하우스였다. 차 문을 열어주고 닫아주는 그의 매너가 마음에 들었다. 오늘 비로소 시인의 얼굴을 자세히 보았다. 주름진 목선에서 나이가 보이고 머리숱은 적다. 한동안 소식(小食)을 한 때문인지 얼굴이 동안이다. 처음 나온 연어요리가 예뻐서 사진에 담았다. 그는 연어가 세 쪽뿐인 음식을 두 쪽밖에 먹지 못하고 남겼다. 우리 얼굴에는 살아오는 동안 겪은 모든 역사가 드러난다고 한다. 그래서 나이 먹을수록 자기 얼굴에 책임을 져야 한다는 말도 있다. 순수 자연으로 돌아가는 날까지 맑게 살아갈 것 같은 시인을 바라보며, 그 앞에 앉아 있는 내 모습은 어떨지 생각하게 된다.

대화 1

차를 타고 오가며 그의 이야기를 들어주려 했는데, 내가 더 많은 말을 한 것 같다. 시인과 나, 양쪽이 살아온 이야기는 물론 가족 이야기까지 나누며 친구가 되었다. 그의 이야기를 듣는다. 102세에 장인이 돌아가셨는데, 장모님은 30여 년 전 먼저 저세상으로 가시고, 혼자 30여 년을 사셨다고 한다. 지사로 지낸 화려한 생활을 뒤로하고 요양시설에서 마지막을 보내는 장인의 모습이 안타까웠다고. 아내와 함께 요양원엘 다녀오며, 두 사람은 누가 아프든 서로 보살피자고 했다고 한다. 그때 요양시설에는 가지 말자는 약속도 했다. 그 약속을 지키기 위해 아내가 치매를 앓던 10여 년이란 시간을 마지막까지 보살폈다고 한다. 참으로 어진 사람이다. 시인으로 수필가로 여행작가로 살아가는 노후, 홀로 살고 있는 친구는 당당하고 멋지게 살 수 있는 재능을 가진 행복한 사람이라 다행이다. 자연을 사랑하며 느끼는 감정이 맑고 순수해 남은 생애를 행복하게 살 수 있는 아름다운 사람이라는 생각도 들었다. 그는 연구하는 주제가 있고, 그것을 출간하고픈 바람이 있는 사람이다. 돌아오는 길에 자신이 작업하는 서재와 그림 그리는 공간이 있는 집으로 가자기에 들렀다. 집으로 들어서니 두 개의 꽃병에 가득 꽂힌 꽃들이 나를 반긴다. 와~ 멋진 사람! 어제 우리 집 위치를 확인하기 위해 다녀가는 길에 화원에 들렀던 모양이다. 나를 초대해야겠다는 마음을 먹고 준비한 듯했다. 전시회 때 갤러리에 놓여있던 화려한 난 화분도 여러 개 옮겨놓았다. 나를 반기는 마음으로 여러 가지를 준비한 그 마음에 나는 또 감동한다. 멋진 사람이다. 따뜻한 차를 달여 내놓으며 자신은 무엇이든 잘한다고 말하는 사람, 맑은 목소리의 울림이 내 기분을 돋운다. 내가 좋아하는 음식을 어느 식당에서 잘하는지 알고, 어느 곳으로 어떤 나들이를 해야 만족스러울지 이미 알고 있는 신세대 시니어. 이런 사람을 알게 되어 감사함이 더욱 충만한 날이다.

이른 소식

아침 산책을 가지 못했다. 에어컨 바람을 많이 쐬어서인지 몸이 무겁다. 집에서 책을 보고 있다. 아침 6시 선덕(仙德) 님의 카톡이 들어온다(선덕은 시인의 아호다.) 이제 책을 주고받았다. 나는 두 번째 책 『나는 시니어 김순덕』을 주었다. “가볍게 읽을 책이 아니군요. 책에서 우주가 보이고 정리된 만상이 보여 한 편 한 편 생각하며 읽기로 하였습니다. 문형산 동편에서 보냅니다.” “하~하~하 아침 블로그 글을 공유합니다. 제가 복이 많은 것 같아요. 선덕 님을 만난 일이....” “그림 같은 하루가

적혀 있네요. 일단 토요일 11시 또 예약을…" "사랑의 웃음으로 하루를 시작합니다. 덕분입니다. 네, 메모하겠습니다. 잘 챙겨 드시고 입가에 미소가 연이어지길 바랍니다." "연화대 위에 좌정하신 부처의 미소를 느끼며 연밥 공양을 대하였나이다." "밝은 목소리를 떠올리는 순간, 맛있게 잡수셨으면 합니다. 맛은 자유, 나의 정성으로 처음 만든 작품! 정들며 익숙해져 가는 고마운 시간, 두 손 모읍니다."

아침 안부

"서편 산책길을 거닐며! 편안한 쉼 하셨나요? 간밤 무더위로..." 숲길을 거닐며 매미 소리 요란하여 동영상을 짧게 찍어 보냈다. "동영상에서 시원한 바람이 불이오고 연잎에 담긴 정성에서 노래가 들려옵니다. 더운 줄 모르고 자고 일어나 부근에 시원한 바람이 부는 사찰이 없을까 찾아보았습니다." "와 고맙습니다. 오늘도 싱글벙글 좋은 날 함께해요." "문형산 정상 부근 석양이 항상 아름답다고 생각하였는데, 그 이유가 한 분 보살님 때문이었음을 알았습니다." "감동입니다. 선덕 님 마음이 자비로워서 그러하지요. 저는 행복한 여인! 누구 때문에?" "보살님 자신 때문이지요." 아침 인사를 주고받았다.

대화 2

아침 5시 30분, 새벽 창을 여는 톡 알림이 왔다. "잘 주무셨습니까? 일어나 먼저 하는 일, 서창을 열고 문형산을 올려다봅니다. 오늘은 어찌 시작하시나. 명상으로 시작하겠지요?" 그의 아침 인사는 이렇게 시작한다. 일찍 일어나 서쪽으로 향한 창을 열고 산을 바라보는 일도 마음을 내어야만 가능한 일이다. 무슨 일이든 마음먹고 행동하지 않으면 되지 않는다는 것을 나이가 들어서 확실히 알게 되었다. 어제 본 그 산, 어제 맡았던 새벽 공기를 오늘 새롭게 다시 만나는 시간, 내 몸 하나 움직이는 일도 나의 의지가 있어야 이루어지니 온몸과 온 마음으로 살아야 하는 이유다. 나의 새벽 명상을 방해했는가 싶어 그는 또 묻는다. "내가 명상을 어지럽히는 건 아닌가?" 어지러운 것은 내 주변 정리가 되지 않았을 때 일어나는 현상이다. 나로서는 크게 혼란스럽거나 뒤섞일 것이 없는 일상이니, 그런 걱정은 하지 않아도 되는데, 늘 마음 써 주는 모습이 고맙다. "오대산 월정사 부근이 8월엔 좋겠지?" 매사에 의견을 묻고 서두르지 않고 대답을 기다리는 배려도 고맙다. 나는 블로그에 글을 올리면서 활짝 웃는 이모티콘으로 답을 한다. 선덕 님과 함께라면 어디든 오케이. 이제 산책하러 나갈 준비를 하며 오늘 하루도 무탈하기를 기원한다는 답글을 보낸다. 끝으로 미처 정리하지 못한 호칭에 대해 의견을 보낸다. 보살이라는 호칭은 불자라면 누구에게나 공용으로 부르는 것이니, 얼마 전에 받은 호 '목민(木旼)'이라고 불러 줄 수 있는지 묻는다. 저도 제 뜻대로 아호인 선덕을 호칭으로 부르는데, 다르게 부르면 좋을 호칭 있으면 살~짝 이야기해 달라는 말과 함께, 그런 호칭이 있다면 기꺼이 불러드리겠다고 썼다. "오늘 새벽 인사는 동편과 서편에서 미소 지으며 마음으로 다정하게 하루를 시작해요."라는 답이 왔다. 수필집 『서울사람 시골 살기 시골사람 서울 통근하기』를 다 읽었다. 고생 많이 한 선덕 님에게 더 잘 대해주고 싶다. "이제는 평온하게 자연을 벗 삼아 행복을 만들자고요. 첫째 건강해야 한다는 것 아시죠? 잘 챙겨 드셔요. 선덕 님 옆에 목민이 있으니, 절대 눈물 흘리지 마시고요." 산책을 한다. 아침 태양이 숲길 나무 사이로 찬란하게 보인다. 그 빛의 흔적을 한 장 찍어 보내며 썼다. “서편에서 동편을 향해 걷고 있습니다.” “어쩐지 마음이 자꾸 서편으로만 가려 합니다. 지금 연잎밥을 벗하고 있습니다.” “감사~감사, 활짝 웃음 지으며 걷고 있습니다. 오늘도 아름다운 향기로 파이팅합니다.” “목민 거사? 목민 아씨? 나의 목민이여? 목민 님? 다른 이름이 튀어나올 때까지 당분간 ‘목민 거사’로” 하~하~하 처음 보던 날 들었던 멋진 웃음소리가 들리는 듯하다. “8월 7일 설악산으로, 9일 귀가? 어떠신지요?” “좋아요. 그럼 자세한 이야기는 토요일 만날 때 하도록 해요. 준비물이라든가 등등.” 이렇게 정들어가고 있다. 8월 한 달, 모든 공부 모임은 방학이다. 8월 15일에서 17일까지 경주 황룡원 중도타워에서 명상 도반들과 실

참이 있다. 잡혀 있던 일정을 미리 이야기했더니, 날짜를 잘 조정해서 보냈다. 무슨 일이든 자연스럽게, 순리대로 기다리고 성취할 여유가 있다는 것이 참 감사하다.

만세일봉

"연잎 가득한 연못, 그 가운데 피어나기 시작한 오직 하나의 연꽃 봉오리, 그것도 꽃잎 하나만 열리기 시작해 세상을 향해 미소 짓는, 만세일봉." 산책하던 아침 6시! 알림 소리에 카톡을 보았다. "고마워요. 숲길 거닐며, 혹시나 하고 보니, 역시 시인 그대였습니다." 나는 동트는 아침의 고요한 하늘을 찍어 보냈다. "같은 하늘 밑, 분명 볼 수 있었을 동틀 녘의 광휘를 동편에 있는 나는 보지 못하였군요. "서편만 그저 바라보다가." "하하하, 설악산 여행에서 함께 보기를 기대합니다. 여명과

노을을~" 하루를 시작하는 아침형 두 사람의 인사가 오고 갔다. 토요일에 만나면 부식을 챙겨주려고 이것저것 마음을 낸다. 스님들께서 보내주신 감자를 챙긴다. 잘 마른 양파를 골라 담고 잘 영글어 탱글탱글한 옥수수까지. 올해는 여러 곳에서 부식 재료들을 챙겨 보내주셔서 감사한 마음이 크다. 모든 것이 자연스럽게 이루어지는 순리의 해인가 보다.

친구

카톡에 있는 여러 모임방에서 소통하자는 알림이 온다. 카톡에 들어가니 양 화가가 시간이 있다는 것을 알 수 있었다. 각자 바쁜 일상이라 카톡방에 소식을 올릴 때 바로 연락하면 좀 여유롭게 이야기를 할 수 있다는 것을 알게 되었다. 급한 일이 아니면 내가 먼저 연락할 기회가 거의 없었다. 어딘가에서 먼저 연락이 오면 거기에 따른 답을 해주니, 여기저기 소식을 알려고 시간을 쓰지 않아도 되는 시대에 살고 있다. 카톡방은 당신의 소식이 궁금해 기다리고 있으니, 소식을 달라는 친절한

편지이자 안내문 같다. 우리 공부 5기 방은 이 친구 양 화가 덕분에 단합이 잘 된다. 그녀가 상냥하면서도 넉넉하게 마음을 잘 쓰기 때문에 가능한 일이다. 그 방에 새벽에 본 여명 사진을 공유하고 몇 마디 글을 올렸다. 다른 도반들은 손주들 사진을 올리며 반가움과 기쁨을 표현했다. "동틀 녘의 하늘을 보며 하루를 시작합니다. 날씨가 무척 더워 일찍 움직이는 산책길에서…." 이때 양 화가에게 시인과 처음 만나 찍은 사진을 보내며 그동안의 일들을 알렸다. 우리는 서로 기다렸다는 듯 진행이 척척 빠르다고, 지난 토요일에는 처음 만남으로 양평 모처에 다녀왔고, 이번 주 토요일에 또 만난다는 소식까지 전했다. 양 화가가 바로 답글을 보내왔다. "아이고 부러워라. 너무 감사한 일입니다. 저는 시집 『뻐꾸기 한 마리 날아오르다』를 읽다가 도중에 멈췄어요. 너무 슬프고 아름답고... 우리 남편은 나보고 절대 그렇게 못 하니까 자신이 먼저 가겠다고.... 죽음을 기억하라는 '메멘토 모리', 두 분은 행복한 시간을 보낼 자격을 갖추었어요. 축하 축하, 너무 멋져요. 이게 내가 원한 5차 근황!" 혹시라도 친구로서 마음 쓸까 해서 간략하게 이야기를 전했는데, 축하의 마음으로 바라봐 주니, 나도 마음이 울컥했다.

사는 이야기

시간은 참으로 빨라서 한여름, 중복을 맞이했다. 선덕 님에게 카톡을 보냈다. "오늘은 중복이네요. 나오기 힘들까요? 날씨가 워낙 더워 움직이면 땀이 나기는 하지만 점심 함께할 수 있을까요? 소식 주세요." "반가운 초대. 몇 시에?" 장소와 시간을 정하고 근처 화원 앞에서 만나 함께 가기로 했다. 바쁜 시간을 쪼개서 함께 보내게 되었다. 이런저런 이야기 중 여행 다녀온 이야기를 들었다. 지난번에 어느 곳에 여행을 갔는데, 혼자 식당에 갔더니 1인분은 팔지 못하겠다며 거절당했다는 이야기를 들었다. 마음이 짠하고 신경이 쓰였다. 2인 이상만 음식을 파는 곳이었나 보다. 혼자인 사람은 그렇지 않아도 외로운데, 먹을 수 있는 자유도 누리지 못한다는 생각이 들어서 영 마음이 편치 않았다. 오늘은 다정하게 내가 손을 잡았다. 내 손이 따뜻해서 여름에는 좀 불편할 거라고 하니, 따뜻해서 좋다고 한다. 손잡고 걷는 것도 좋은데요... 그가 말끝을 흐린다. 이런저런 사는 이야기 하다 보니, 집에 얽힌 이야기도 하게 되었다. 현재 살고 있는 집에서 계속 살 수 있는지 물었다가 월세로 있다는 것을 알게 되었다. 다음 달부터 그 돈을 본인이 감당해야 한다는 거였다. 지금까지는 둘째 아들이 구해 주고 월세도 내주었는데, 8월부터 본인이 세를 감당하기로 하고 계약한 집인 것을 알았다. 십여 년 동안 아내를 보살피며 그가 겪었을 경제적 상황이 눈앞을 스쳐 지나갔다. 그 이전에도 사업하며 바닥으로 추락한 이야기, 세금추징 문제 등등 수필집을 읽어 어느 정도 알고 있었다. 우리 동네는 적은 금액으로도 빌라를 살 수 있고, 살아가는 동안 이사하지 않고 집 걱정은 하지 않고 지낼 수 있다는 생각이 들었다. 이 나이에 고정 수입이 없는데, 어디서 월세를 구해 낸단 말인가? 하지만 연금 나오는 것이 있고 무엇이든 할 일을 만들고 있다는 계획을 들었다. 월세는 한 달이 빨리 돌아오는데, 아파트는 관리비가 있지만, 빌라는 관리비도 없다. 또한 우리 동네는 시내와 가까워 지금 있는 곳보다 모든 여건이 편리하다는 생각에 집으로 돌아와 동네 부동산에 전화를 걸어 나와 있는 빌라의 시세를 알아보았다. 저녁에 나를 집까지 태워다 주고 돌아갔기에 겸사겸사 잘 도착했나 전화를 걸어 집 이야기를 했다. 그는 언제나 그렇듯이 껄껄 웃는다. 그림도 글도 마무리 단계인 작품이 있다고 했다. 작품 활동하면서 무엇인가 이루어야 할 일이 있으면 더 열심히 살게 된다고 했다. 들어보니, 이제 이사 다니는 것 때문에 신경 쓰고 싶어 하는 것 같지 않았다. 그럴 것도 같다. 아내의 건강을 위해 제주도까지 내려갔던 사람이다. 그곳에서 임종을 보았고, 이제 겨우 혼자만의 시간을 갖게 되었다. 작품을 할 수 있는 자유로운 공간을 가진 지금 상황이 만족스러울 것이다. 오늘로 집 이야기는 없는 것으로 해야겠다. 빈손으로 가는 인생, 살아가는 동안 마음 편히 잘 살면 되는 것이다. 지금 살고 있는 아파트는 새로 분양한 곳이고 숲속에 있어 산책하기도 좋은 곳이다. 그가 정진하는 공간으로 적합한 것 같다. 그래, 자유로운 생활이 최고다. 지혜로운 사람이니 알아서 잘할 것이다.

지금, 여기서

피로해 보이는 모습에 측은지심이 든다. 맑은 영혼에 더 빛나는, 창의력 넘치는 작품을 쓸 수 있도록 우리는 아침과 저녁에 카톡을 주고받으며 하루를 시작한다. 작품이란 번득이는 생각, 순간의 떠오름이다. 그것을 방해하지 않기 위해 낮에는 전화 연락을 하지 않는다. 대신 선덕 님이 연락을 줄 때 나는 언제든 자유롭게 받을 수 있다고 이야기했다. 나는 눈을 좋아한다. 첫눈 오는 날, 무슨 일이든 다 취소하고 만나자고 내가 이야기했다. 눈 오는 날, 계획도 알아서 해 주면 더욱 좋아요, 했더니 어진 사람이라 그저 긍정적으로 받아들인다. 나는 일부러 철부지처럼 조잘거린다. 웬만해서는 말이 없는 나인데.... 상황에 따라 이렇게 변하기도 한다는 것을 스스로 돌아본다. 내 옆에 있는 한 사람을 행복하게 해주는 일이 인류를 구하는 일이라는 것을 내가 힘들었을 때 느꼈었다. 우리 부부도 IMF 후유증으로 시련을 겪었다. 그때 가능하면 남편의 마음을 불편하게 하고 싶지 않았다. 사람들은 누구나 열심히 산다. 그런데도 어쩔 수 없이 닥친 상황이라면 함께 극복할 수밖에 없다. 본인도 그런 상황을 겪고 싶어 겪는 것이 아니니까, 마음 아프게 하고 싶지 않았다. 그토록 힘든 현실에서도 가족이 흩어지지 않은 것만으로도 감사하게 생각하며 살아왔다. 남편이 고생만 하다 간 것 같아 항상 마음이 가볍지 않았다. 한편으로는 먼저 간 사람만 안되었다는 마음도 든다. 산 사람은 어떻게든, 이렇게 살게 되어 있다. 죽음 같은 건 생각하지도 못한 상황에서 돌아간 야속한 사람. 언제 어떤 상황이 나에게 주어질지 모른다. 겸손하게 시인을 사랑하는 마음을 첫눈 오는 날까지 쓰겠다고 마음먹은 뒤, 조용히 실천하고 있는 지금, 그래 현재에 충실하자.

거인

사랑은 죄가 아니다. 가난도 죄가 아니다. 채식 위주로 식사하며 소식하는 그의 생활이 마음에 든다. 시간을 귀하게 쓰고 모든 것을 절제하는 사람이다. 포기할 일은 포기하고 스스로 규범을 정해 알차고 짜임새 있게 살아온 지혜로운 사람이다. 『에덴의 길』이라는 그의 책을 읽으니 그가 거인처럼 느껴진다. 평범한 사람에게 백 점을 준다면 삼백 점을 주고 싶은 사람이다. 치매인 아내를 십여 년 보살핀 숭고한 사랑에 백 점, 부부가 함께 운전해 세계의 성지란 성지를 함께 다녀온 것에 백 점,

그 장소를 체험하고 느낀 소감을 책으로 남긴 일에 백 점, 그래서 총 삼백 점을 주고 싶다. 품이 넉넉한 사람이며 평범한 사람은 쉽게 할 수 없는 일을 해낸, 잘 살아온 사람을 위한 응원이다. 『에덴의 길』은 시인이 전 세계의 성지를 돌고 와 보고 듣고 느낀 점을 쓴 책이다. 책에는 사유하며 살아온 그의 흔적이 새겨져 있다. 책을 읽으며 나의 장점은 무엇인지 생각해 보았다. 감히 온화함이라고 결론을 내 본다. 그를 볼 때마다 마음 편하게 대하자는 생각을 한다. 시월에는 우리 둘의 생일이 있는 달이라 남해 여행을 이야기했는데, 나는 일 년 전부터 중국 선종사찰 순례가 잡혀 있다. 시인은 불교 서적을 많이 읽어 불교 이야기가 잘 통한다. 그는 나에게 관세음보살의 모습이 있다고 말한다. 그저 고맙고 감사한 일이다. 세상에 나로 하여 행복한 사람이 있다면 그것으로 족하다. 지금 나에게는 특별한 바람이 없다.

'미래 경영'을 돌아보며

시인과 만나면 어렵거나 불편하지 않고 자연스럽게 이야기가 이어진다. 오늘은 무슨 이야기가 오고 갈지 궁금해진다. 오늘은 분당으로 간다는 말만 들었다. 그를 만나면 옛 친구를 만나는 것처럼 푸근하고 편안하다. 차를 타고 딸네 집으로 가는 중이다. 차 안에서 바라보니 배롱나무 가로수에 분홍색 꽃이 곱게 피어 있다. 딸은 출근하는 시간이라 잠깐 얼굴만 보고 헤어져야 한다. 손자는 지금 방학 중이고, 어젯밤 친구와 축구 경기를 보고 왔으니, 일어날 때까지 그냥 자게 두라고 한다.

딸이 출근한 후, 나는 가져간 채소류들을 정리해 넣는다. 8시 30분, 손자가 잠에서 깨어 인사를 한다. "할머니 오셨어요?" 인사하는 손자 앞에서 나는 불쑥 입을 열었다. "재현아, 할머니 이야기 들어봐." 손자가 궁금한 얼굴로 나를 본다. "할머니한테 남자 친구가 생겼는데, 할머니가 선택한 친구야." 손자가 빙그레 웃다가 말한다. "할아버지 돌아가신 지 10년쯤 됐죠? 잘하셨어요. 최고예요." 나를 응원하는 손자에게 친구가 시인이라고 너스레를 떠니, 아이가 조금은 낯선 듯 나를 본다. 나의 이야기를 가족 중에 외손자에게 제일 먼저 고백한 것이다. 중학교 1학년인 손자는 지난번에 유럽 여행을 다녀온 뒤, 훌쩍 자라 더 든든해 보인다. 거창하게 아침 인사를 했으니, 손자도 나도 각자의 자리, 각자의 시간으로 돌아간다. 거실로 돌아와 나의 첫 번째 책 『행복자루』를 펼쳐 들었다. 우연하게도 89쪽, '미래경영'이라는 제목의 글이다. 미래 경영에 대하여 눈을 뜬다. 나이에 맞는 역할이 있다는 것을 알게 해 주는 요즈음이다. 애들은 애들의 삶이 있고, 오직 하늘 아래 나 홀로 살아갈 미래를 스스로 만들어야 한다. 난 건강하게 살다가 웃으면서 갈 것이다. 엄마의 외로움은 자녀들이 해결해 주지 못한다. 나이가 더 들어 노인이 되었을 때는 체념 상태에서 얼마나 힘든 시간을 보내게 될까? 스스로 내 마음을 다스리자. 오늘만 있다. 오늘을 잘 사는 것이다. 건강하고 밝은 모습으로 행복하게 살 것이다. 이만큼 살아온 것도 감사하고 앞으로도 또 그렇게 살 것이다. 내가 주인이 되자. 하고 싶은 일을 실천하면서 살아가는 것이다. 시련을 지혜롭게 극복하고 이만큼 기쁨으로 승화시켜 살아온 시간이 감사하다. 허공계에 한 점 부끄러움 없는 삶을 살아가는 것이다. 사랑은 죄가 아니다. 어디에도 걸림 없는 자유인이다. 밝게 긍정적으로 살지만 외로움은 어쩔 수 없이 따라다닌다. 화를 잘 내고 성급한 사람 중에 장수하는 사람은 거의 없다고 한다. 남편이 돌아간 후 나는 화도 잘 내고 조급한 성격으로 긴 시간 힘들었다. 이제는 마음의 여유를 가지려고 한다. 무엇보다 행동이다. 강북삼성병원 정신건강의학과 신영철 교수의 방송을 듣는 것이 마음 치유의 시간이 되었다.

"머리는 냉철하게 가슴은 뜨겁게 '과학자의 냉철함과 시인의 감성, 인간의 무기는 가슴에서 우러나는 진정성'이라는 말이 나의 뇌리에 새겨진다. 깊이 생각하게 하는 말이다.

침묵의 시간이 긴 요즘이다. 앞으로 20여 년, 이런 긴 터널을 혼자 극복해야 한다는 것은 슬픈 일이다. 같이 갈 동반자가 있다는 것은 축복받은 노후라고 생각한다. 함께 이야기하면서 저녁노을을 향해 손잡고 거닐 동행의 친구를 꿈꾸어 본다. 그 꿈이 반듯한 꿈이면 이루어지리라 믿는다. 외로운 영혼에 기쁨이 될 수 있는 것을 선택하자. 물질적인 경제만이 경영이어선 안 된다. 일상의 삶도 경영이다. 환한 미소를 머금고 밝은 내일을 꿈꾸어 보는 미래 경영 또한 나의 몫이다."

-『행복자루』 92쪽 옮김

대화 3

"평소보다 조금 늦게 일어나 서창을 엽니다. 항상 보이던 문형산이 보이지 않습니다. 안개 속으로 숨어버렸어요. 보이지 않아도 들리지 않아도 항상 있는 존재, 만세일화. 잘 주무셨습니까?" "감사해요. 글을 쓰며 선덕 님 생각하고 있었지요. 날마다 아름다운 사랑의 감정이 쌓여가네요. 우리의 사랑 이야기... 고마워요, 그리고 감사해요. 이런 글을 쓸 수 있다는 것도 몸과 마음이 건강하기에 가능한 일이지요. 밝은 모습으로 외출 잘 다녀오시길요. 늘 옆에는 부족하지만 작은 꿈을 꾸며 정을 나누는 일화가 있다는 사실을…" "답을 주셔야 하지 않나요?" "글쓰기에 내가 방해를 했구나 싶어 답을 망설이는 가운데 낙뢰가 내렸네요. 어제 하루는 길고 답답했는데, 그래도 오늘이 오네요. 오늘도 길겠지? 그래도 밤이 오고 아침이 올 거야. 그러고 나면 동쪽에서 파도 소리가 들려오겠지." "그럴 땐 길고 지루하지 않도록 전화하면 어떨까요? 선덕 님과 저는 언제든 통화할 자유가 주어져 있는데요. 저는 선덕 님의 창작 시간에 방해될까 봐 연락을 못 할 뿐입니다. 외로운 시간, 언제든 연락하면 저는 다소곳하게 기쁜 마음으로 받겠어요. 저는 아침 이 시간만 글을 쓰니까 언제든 관계없어요. 그러고 보니 하루 지나 또 하루 다음 날이면 24시간 함께할 시간이 되네요. 좋아라." "좋아하니 좋군요" "눈물이 나려고 합니다. 사랑하고 싶은 사람 품에 안긴다는 자유...."

점심이 지나 외출에서 돌아오니 긴 문장이 들어왔다.

"나는 오늘 분명 관세음보살의 목소리를 들었습니다. 전철 속 한구석, 의자도 없는 곳에 쪼그리고 앉아 황급히 빵을 베어 물다가 목에 걸렸는지 캑캑거리는 아주머니 한 분을 보며, 왠지 관세음보살님이 저기에 계시는구나, 하는 생각이 들더군요. 내리면서 오만 원 한 장을 손에 쥐여 드리면서 식사라도 제대로 한 번 하라 했습니다. 그 후로도 계속 그 분이 생각나고, 세상 떠난 제 처가 어디서인가 저렇게 곤궁을 겪고 있을지 모른다는 생각에 눈물이 흘렀습니다. 한편, 그 아주머니를 모욕한 것 같아 마음이 아프기도 했습니다. 분명 관세음보살을 친견한 것 맞지요?" "어머나! 이 긴 문장을... 선덕 님이 관세음보살 행을 실천한 것입니다. 이제는 돌아간 아내에 대한 미련은 잊으시길 바랍니다. 그 여인 모습을 자세히 보지는 못했지만, 행복한 여인이었습니다. 손천수의 아내로 이생에서 몸은 비록 치매가 와 불편했어도 영혼은 행복하게 살다가 한 마리 새로 자유인이 되었습니다. 벌써 1년이 지났는데도 십 년이란 긴 시간 사랑으로 보호했으면서도, 곳곳에서 떠오르는 아내...." "오늘 낮에 점심 먹으러 간 집 사장님 불명이 고덕화! 또 한 분의 '화'를 만났습니다. 금강경을 금 글씨로 받아 소중하게 간직하고 있는 이였습니다. 왜 갑자기 여기저기 이곳저곳에서 불자들이 나를 에워싸는지, 그 뜻이 무엇인지 관세음보살님이 제소리를 들으셨는지 그저 궁금합니다." "정원에 나와 앉아 있는 새들의 소리 역시 '나 살아있어' 합니다." "내일만 지나면 일화를 만나 부처의 뜻이 무엇인지 물어보려 합니다." "현실을 있는 그대로 보고 느끼세요. 감성은 자유이지만... 종교는 살아가기 위한 방편입니다. 불자들이 에워싸는 것이 아니라 인연 따라 만나고 헤어지는 과정일 뿐입니다. 많이 사유하십시오. 말이란 단어 자체를 놓아버리고 존재의 이유를 생각해 보십시오. 단, 일화는 선덕 님이 슬픔에서 헤어나 기쁘게 살아가도록 하고 싶을 뿐입니다. 내가 그 길을 선택했습니다."

그 뒤에도 몇 번의 대화. "울고 싶을 땐 마음껏 우세요. 자동차 뒤 트렁크에 걸린 모자는 아내분이 산책할 때 사용한 것인가요? 침대에는 아직 베개가 두 개 나란히 있고요."

“여행 가기 전 슬픔의 강을 건너려 합니다. 모자는 제주에서 쓰던 것인데, 둘 곳이 마땅치 않아 차 안에 두었습니다. 같은 물건도 쓰임새에 따라 달라지니까요.” “선덕 님, 전화를 못 받으시네요. 활짝 웃는 사진을 보며, 어떤 모습으로 울고 계실까?” “울음은 그쳤어요. 전화하신 줄 몰랐지요.” 울음은 그쳤다는 글에 천진한 소년 같은 느낌이 드는 것은 왜일까? “호랑이 바람 소리에 깨어 창문을 열어보니, 오늘은 오늘이군요. 어제를 기억할 재료가 아무 곳에도 없네요. 오늘 나들이 잘 다녀오세요.” 시인과 나는 이런 시간을 함께 겪으며 일상을 보내고 있다.

여행 계획

여행 계획표를 받았다. 복사 용지에 무엇무엇이 필요한지 꼼꼼하고 세밀하게 준비사항이 적혀 있었다. 며칠 남은 여행 날짜 사이에 번개로 얼굴을 한 번 보았다. 참 묘하게도, 오래된 옛 친구를 만나듯 서로 편안하게 대하게 된다. 시인은 신세대 시니어, 무엇이든 척척 잘한다. 나는 그냥 동행하기만 하면 된다. 새마을연수원 골목에 차와 빵과 양식을 겸한 음식점 '모쓰'에 처음 가 보았다. 그의 아들이 인터넷에서 찾아본 뒤, 모시고 다녀온 곳이라 한다. 자연 속에 있는 것이 좋아서 나를 데리고 다시 한 번 들렀다고 한다. 주문도 알아서 척척하고 왕비 대접을 받은 날이다.

여행 준비

11월 초순에 노을이 아름다운 곳으로 가기로 했다. 지난번, 10월 여행 이야기가 나왔지만, 중국 선종사찰 성지 순례가 이미 잡혀 있어서 갈 수 없었고, 나는 좀 미안했었다. 둘 다 시월생이라는 우연 아닌 우연이 겹쳤다. 첫 만남이 이루어진 해의 생일 달, 그것도 같은 달이니, 의미를 부여하고 싶어 여행 이야기를 다시 꺼냈다. 예약해야 하기에 11월 초순에 잠정적으로 날을 잡고 알아보았다. 알아서 척척 잘하는 모습이 MZ 세대 같은 선덕 님이다. 그때 사진을 한 장 찍었다. 사진 속 얼굴이 천진한 노인의 얼굴인데, 활짝 웃는 모습이 피천득 선생님과 닮은 듯 보였다. 음식을 먹으며 이런저런 이야기를 나누고 나를 집에 데려다주고 가는 시인에게 텃밭에서 자란 채소를 챙겨 보냈다. 탐스럽던 잎들을 수확해 연잎밥을 두 번이나 했고 꽃은 떨어진 지 꽤 되었으니, 올해의 연꽃은 이제 안녕이다. 집에 돌아간 선덕 님으로부터 나에게 캐리어가 있는지 묻는 카톡이 왔다. 내 것은 막내가 빌려 가고 없어서 배낭 두 개에 담으려 했었는데, 내일이라도 가져오겠다 한다. 내일 12시쯤 우리 집에서 점심을 함께하기로 했다. 그도 바로 오케이 했다.

초대

점심 준비를 하느라 분주하다. 에어컨을 켜 실내를 시원하게 했다. 미역국에 조기구이와 채소볶음을 준비했다. 소식하는 사람이라 반찬도 많이 준비할 필요가 없다. 국물을 좋아한다는 것도 알았다. 습관이 되면 우리 몸은 알아서 반응한다. 좀 과하거나 부족하다 싶으면 몸이 먼저 필요하다는 듯 말을 걸어온다. 자기 몸을 스스로 관리하고 조절하는 것은 참 필요하고도 좋은 습관이다. 12시 직전, 기다리던 손님에게 전화를 걸었다. 어디쯤이냐고 물으니, 이미 도착했다는 답이 온다.

마당으로 마중을 나가 우리 집으로 안내했다. 집에는 첫 방문이다. 차려놓은 식탁에 앉아 오손도손 이야기를 나누니, 더없이 좋은 시간이다. 가지고 온 캐리어 안에는 액세서리와 옷, 모자, 백, 선글라스 등등이 들어 있다. 시인이 아내에게 주려고 해외에서 사 온 것들인데, 제대로 사용 한번 못 했던 물건들이라 한다. 내게 대리만족을 느끼려 하는 것일까? 내가 쓰고 입으면 아내가 다시 환생한 것처럼 보일지 몰라 이렇게 챙기는 것일까? 마냥 기쁘지만은 않지만, 그 마음을 헤아려 무념무상으로 대하자고 마음을 정한다. 선덕(仙德) 님이 좋다면 좋은 것이다. 그중 내게 온 목걸이가 신기하다. 내가 잃어버린 후 아쉬워하던 것과 같은 자수정 목걸이였다. 전에 팔찌, 반지, 목걸이를 세트로 맞추었는데, 목걸이만 분실했었다.

그런데 그 목걸이와 같은 종류를 가져온 것이다. 참 우연하게도 닮은 꼴이 많다. 모든 일을 감사하는 마음으로 돌리자. 이런 관계가 쉽게 이어지는 것이 얼마나 감사하고 묘한 일인가! 한 사람을 슬픔에서 기쁨으로 옮겨오게 하고 싶은 마음으로 선택한 사람, 어진 마음의 소유자. 그런데 오히려 내가 기쁨 속에 살고 있다. 하나님의 말씀을 백 퍼센트 실천한 사람이다. 치매로 고생하는 아내를 시설이나 다른 사람 손에 맡기지 않고 직접 지켰던 모습이 내 눈에는 거룩한 성자로 보인다. 그런 사람이 흘리는 눈물이 안타까워 친구하고 싶었다. 철부지처럼 행동하자. 바라보는 것 자체로 좋으면 되지 무엇을 바랄까. 밥을 먹고 차를 마시고 이야기를 나누고 헤어질 때 포옹을 했다. 아쉬움을 뒤로 하고 안녕....

소박한 기원

시상이 담긴 그의 아침 안부에 포근함을 느낀다. "밤사이 폭우가 올 줄 알았는데 조용히 지나갔군요. 한결 시원해졌습니다. 잘 보내셨는지요?" 나는 지난밤 뒤척이다가 늦게 잠들어 평소보다 컴퓨터 앞에 앉는 시간이 미루어졌다. 잘 자고 일어나 가벼운 마음으로 블로그 글을 올리고 받은 시인의 아침 안부가 반갑다. 그에게 오늘 하루도 무탈하게 나들이를 마치라고 인사를 보낸다. 상대에게 바람이 있으면 실망하는 마음이 생길 수도 있는데, 특별히 바라는 것이 없으니, 일상이 평온하다. 그의 남은 날들이 슬픔에서 기쁨으로, 즐거운 일상으로 이어지기를 바라는 마음으로 선택했기에, 선덕 님이 하는 한 가지 한 가지 일들이 다 고맙고 감사하다. 어제 서로의 마음을 열고 확인했다. 각자의 집에서 자유롭게 생활하며 언제든 연락하고 오손도손 정답게 지내자고 했다. 살아야 할 시간이 얼마 안 남았는데, 좋은 일만 하며 기쁘게 살자고 내가 이야기했다. 선덕 님 또한 스스로 십여 년 생활을 꾸려왔기에 모든 일에 능숙하다고 했다. 그 말이 타인에게 짐이 되지 않고, 기대지 않고 독립적으로 살겠다는 선언으로 들렸다. 이렇게 서로 바라볼 수 있음이 얼마나 감사한 일상인가? 그가 이야기하면 무엇이든 들어주겠다 했다. 지금 이런 글을 쓸 수 있다는 것도 얼마나 감사한 일인가. 아무도 몰랐던 일들이 나와 선덕 님에게 찾아왔다. 노년의 가장 큰 적은 외로움이 아닐까 싶다. 마음의 쓸쓸함만 잠재울 수 있다면 혼자서 척척 무슨 일이든 해결할 수 있는 사람. 그의 건강함에 감사한다. 그 나이에도 운전해 원하는 곳까지 다녀오는 것도 대단하게 생각한다. 아직 특별하게 먹는 약이 없다는 것도 감사하다. 나는 겸손하게 두 손 모으고 발원한다. 선덕 님이 하고 싶은 일을 하며 날마다 좋은 날이 이어질 수 있기를 바랄 뿐이다.

나들이

여행 가는 날, 7시에 아침을 간단히 먹고 집에서 출발했다. 운전하는 그의 옆모습을 보며 새삼 고맙고 감사한 마음이 들었다. 황혼의 나이지만 마음은 청춘이어서 서로를 알아가는 마음으로 좀 먼 거리 여행을 떠난다. 조금 전까지만 해도 운전하는 모습이 든든하기만 했는데, 시간이 지나면서 측은한 마음이 들었다. 나의 지레짐작인 듯하지만, 지친 것 같아 보였다. 그런 모습을 보다가 간혹 팔을 주물러 주기도 했는데, 오른팔에서 긴장한 모습이 보였다. 근래 들어서는 장거리 운전을 한 적이 없을 텐데 무리하는 건 아닐까 걱정이다. 염려가 무색하게 드디어 호텔에 도착했다. 여행사를 운영한 경험도 있고 세계 성지 순례라는 먼 거리를 돌아본 사람이니, 여행에 있어서는 완벽하게 준비하고 알고 있을 것이다. 불편한 것 없이 미리 준비하고 혹시라도 내가 불편할지도 모를 일에 대해서는 양해를 구한다. 어느 곳이든 척척 안내하는 섬세한 배려에 또 한 번 감동을 받았다. 포옹으로 사랑을 확인하고 잠을 청했다. 긴 시간 운전한 그의 컨디션이 걱정되었다. 아니나 다를까? 그날 밤 종아리에 쥐가 나서 잠자다가 깜짝 놀랐다. 악~악 소리를 내며 종아리를 주무르는 모습을 보니, 걱정이 커졌다. 혹여 이러다 심근경색이라도 오는 건 아닐까? 결국 나는 병원에 가 볼 것을 이야기했다. 오래전에 남편도 외출

했다가 알 수 없는 병으로 갑자기 돌아갔다. 선덕 님은 자기가 아는 병이라며 병원에 갈 생각을 내지 않는다. 나도 더 이상 잔소리 같아 말하지 않기로 했다. 스스로 알아서 해야 할 일이니 어쩔 수가 없는 일이다.

신흥사

신흥사를 참배하고 권금성 정상까지 케이블카를 타고 올라갔다. 공중에 매달려 바라보는 발아래 풍경들, 전나무며 소나무, 바위들이 어우러져 절경이다. 어떤 장소에 추억이 깃들고 나만의 이야기가 생기면 그곳은 지금까지 보아왔던 것보다 몇 배로 아름답게 보인다. 권금성에 올라 함께하는 동안 기억에 남을 추억의 순간들을 찍어준 여성이 있었는데, 그녀가 아주 기분 좋은 목소리로 말했다. “두 분, 아름답고 행복해 보여서 참 좋아요.” 사진을 찍고 돌아오는 내 발걸음이 어찌나 가벼운

지 피곤함도 잊었다. 설악산 신흥사는 108 기도 도량 불사 중이었다. 내 발길 닿는 곳 어느 절에서나 기와 불사가 있으면 꼭 한다. 이곳은 아름다운 추억이 서려 있는 곳이다. 포교사로 춘천교도소 교정교화 모임이 있었을 때, 이곳 신흥사에서 주관하는 모임에 참석했었다. 한겨울, 하얀 눈이 소복하게 쌓인 날이었다. 승복을 입은 젊은 지상 스님이 보살님, 하고 나를 부르며 절 마당에서 뛰어오던 모습이 눈에 선하다. 벌써 20여 년 전 이야기다. 그 스님도 신흥사도 몇 번이나 모습이 변하고 또 변했을 세월이 벌써 흘렀다. 대웅전 참배는 불자로 당연한 첫 번째 예의이고, 기와 불사는 인연 닿는 곳곳마다 세 명의 손주들 이름을 쓰는 것으로 한다. 어느 절을 가나 그렇게 손주들 이름만 쓰는데, 대한민국 아무개, 이렇게 내 손으로 쓴다. 믿음과 경배를 표현하는 작은 정성의 확인이자 할머니가 해 줄 수 있는 소박한 기도의 한 모습이다. 처음으로 동행한 선덕 님! 우리 두 사람의 이름을 기와에 쓰는 모습이 자비로워 보였다. 이곳 설악산 신흥사 108 법당 불사에 동참하며 흔적을 남긴 의미 있는 날이다. 다음날은 새벽 여명을 보기 위해 청간정(淸澗亭)으로 향했다. 사찰 세 곳을 미리 알아보고 온 선덕 님 덕분이다. 숙소에서 여명을 향해 가는 길목에서 천상의 세계, 극락세계가 바로 이렇지 않을까 하는 감동을 느꼈다.

신흥사에 이어 옥으로 된 와불을 모신 보광사로 갔다. 이곳은 지장보살을 모신 사찰이라, 소천한 아내를 위해 선덕 님이 직접 보시하기를 권했다. 다음에는 금강산 화암사에

갔다. 나는 보광사도, 금강산 화암사도 처음 가 보는 절이다. 화암사 오르는 길에는 고승들의 오도송과 열반송을 돌에 새긴 시비들이 늘어서 있었다. 그 시비를 읽으며 숙연한 마음으로 올라갔다. 그는 어머니 때부터 교회를 다녔기에 성경 말씀에 익숙해 있는데도 다른 종교를 배척하지 않는다. 오히려 나보다 사찰을 더 많이 다녔다. 불교 서적도 많이 읽어 포교사인 나보나 불교 지식이 더 깊다. 이번에 들른 화암사와 보광사도 이미 다녀간 적이 있다고 한다. 만날 때마다 배려심 있고 고마운 사람이라는 생각이 든다. 화암사에서는 우리 둘의 이름을 쓴 기와 불사를 했다. 나는 그의 이런 배려심이 참 고맙다. 이웃 종교에 대해 너그럽게 포용하는 선한 마음이 그대로 보인다. 청춘 시절에는 인류를 구원하겠다는 꿈을 가졌었다는데, 그 큰마음이 행동으로 나타난다. 스스럼없이 물 흐르는 대로 살아가는 모습을 함께하며, 이런 사람을 만난 것을 보니, 내가 복이 많다는 생각이 든다.

해변에서

절을 돌고 돌아 바닷가로 갔다. 해변에서 하루를 보내는 청춘들의 모습이 눈에 들어왔다. 선덕 님은 대학 졸업 후 해군 장교로 복무했기 때문에 바다 수영을 잘한다고 한다. 바람이 세게 불어 파도가 거셌다. 하얗게 포말로 부서지는 파도를 바라보는 젊은이와 아이들 틈에 시니어는 우리 둘뿐이다. 우리는 수영복을 준비해 가 선덕 님은 바다 수영을 신나게 즐겼다. 그런 우리를 보며 의자와 텐트를 대여하던 사람이 참 보기 좋다고, 아름답다고 했다. 사실 그런 칭찬 아닌 칭찬이 좀 부담스럽긴 하다. 굳이 남의 눈에 보이는 모습 때문에 신경 쓸 이유는 없다. 우린 그저 우리 삶을 사는 것이다. 그럼에도 불구하고 가끔 누군가 하는 한마디 말에 마음이 쓰이고, 어떻게 보일지 신경이 가는 것도 어쩔 수 없는 일이다. 바닷가에서 목소리가 좋은 것을 확인이라도 시켜주듯 선덕 님이 노래를 한다. '천년바위'라는 노래. 나는 음치라 노래 부르는 옆에서 흥이 나도록 손뼉만 치며 바라본다. 목소리가 참 좋다. 좋아하면 모든 것이 다 좋아 보이는지, 나에게는 그의 모든 면이 좋게 보인다. 바닷가 횟집에서 저녁을 간단하게 먹고, 바다를 바라보며 쉼터 의자에 앉았다. '쉼'의 의자에 앉아 저물어가는 노을을 바라보며, 우리 백 살 때도 이 길을 함께 오자고 약속했다. 그때는 운전을 못 할 텐데 하면서. 서로 마주 보고 웃으며 말했다. 영업용 이용하면 되지요. 이런저런 이야기를 하며 해변에서 '한계령' 노래를 부르고 '약산 진달래'도 들었다. 척산 온천에 몸을 담그고 숙소로 돌아와 편안하게 잠든 날, 참으로 감사한 날이다.

집으로

집으로 돌아오는 날, 딸과 저녁 약속이 있어서 시간 전에 일찍 도착했다. 그런데 오후에 취소한다는 연락이 왔다. 손주들 둘이 만나 게임을 하는데, 상품이 걸린 게임이라 오후 6시 30분에 끝나면 저녁 먹는 시간이 늦어질 것 같다며 다음에 만나자고 했다. 잘 됐다고 생각하며 하루쯤 그의 집에 머물다 오려던 계획을 실행할 수 있었다. 저녁 산책을 하고 집으로 들어간 우리는 침대방 창문으로 보이는 보름달을 함께 보았다. 다음 날 아침, 계곡물이 흐르는 정자에서 '한계령' 노래를 목청 높여 부르고, 시 한 수가 나올 법한 동네 산책길을 걸었다. 집으로 돌아와 정리하는 동안 주방에서 딸그락거리는 소리가 들린다. 얼마 후, 의자를 내주며 따뜻한 차를 건넨 그와 함께 굿모닝 클래식을 듣는다. 누구에게나 존댓말을 하는 사람, 겸손한 사람이라는 것을 함께 여행하며 더 자세히 알게 되었다. 깔끔한 성격에 시간을 정확하게 지키고 다른 사람에게는 낮은 자세로 겸손하다. 만나면 공경하는 마음으로 자연스럽게 고개를 숙이게 될 정도로 인격을 갖춘 사람이다. 그런 사람이 밥상을 차린다. 다른 누구가 아닌 나만을 위한 밥상을. 어떤 음식점 못지않게 잘 담아낸 밥상에 기꺼이 나를 초대한 그에게 농담을 했다. "언제까지 왕비 대접해 주실 거예요?" "보면 알지." 행복으로 가득한 추억을 안고 집으로 오니, 친구들로부터 전화가 걸려 온다. 여행 내내 있었던 이야기를 하며 감사하게 맺어진 인연(因緣)의 연기(緣起), 우리의 만남을 그들에게 들려주었다. 그는 나에게 하늘에서 뚝 떨어진 연꽃 한 송이라고 한다. 나에게 선덕 님은 거룩한 삶을 살아온 성자다. 그런 친구가 내게 기쁨을 준다. 내가 그렇듯 그도 언젠가는 슬픔의 수렁에서 벗어나 환희의 날들을 맞이할 수 있을 것이라 믿는다.

일상의 다짐

다시 생각해 보아도 참 고마운 여행이었다. 내 생애 이런 여행은 두 번 다시 오지 않을지도 모른다. 앞으로도 여러 번, 또 다른 곳으로 여행하게 될지라도 말이다. 인류를 구원하고 싶은 큰 꿈을 가진 사람과 동행이라니. 어느 곳에서든 겸손하게 만인을 대하는 태도에 나도 존경하는 마음을 가질 수 있었던 여행이었다. 수많은 일들이 연속되는 가운데 맺어지는 관계, 연기(緣起)! 마주 보는 순간마다 평화로움이 깃든 행복한 시간이었다. 일상에서 기쁨을 느끼며 생의 마지막까지 아름답게 동행

한다면 최고의 친구가 될 수 있겠지. 한번 주어진 생, 서로의 인격을 존중하며 마음 아프지 않게 살다가 언제고 부르심이 있을 때 웃으며 갈 수 있도록 맑고 아름답게 살리라.

문안

"문형산이 안개에 잠겨 흐릿하군요. 푹 자고 일어났음을 알립니다. 오늘부터 본격적으로 매듭지을 내 소설의 전개 방향을 정리하였습니다. 일화의 안내를 받아, 고승들의 가르침에 눈을 떠서." "감사~감사~ 그대를 생각하며 블로그 글을 올렸습니다. 저도 소설을 연이어 써 가야 되겠지요? 감사해요. 기쁘게 하루 시작해요. 공경과 사랑의 입맞춤을." "입맞춤에 가슴이 뛰네요. 오늘 하루 잘 보내시길..." 아침의 평화가 계속되기를.

미술관

"빗소리가 말해요. 오늘은 기쁜 날, 우산 속에서 손잡고 미술관 가는 날!" "고마워요. 왜 소식이 없나? 궁금했는데, 역시 멋진 그대와 함께 감사해요...." 아침 6시의 인사! 밖에는 장대비 내리는 소리가 요란하지만, 낮에는 비가 멈추리라 기대한다. 온종일 비가 내린다는 예보가 있는 날이다. 지난번에 가려던 미술관을 가지 못했다. 주소를 잘못 입력해 충청도로 갈 뻔했기 때문이다. 오늘은 그 미술관 방문을 재시도하기로 했다. 선덕 님이 우리 집에 도착했다고 해 집 안으로 들어오도록 안내했다. 팥 계피가 들어간 작은 빵과 과일 주스를 마시고 가도록 했다. 그런데 예쁜 주머니에서 목걸이 두 개를 꺼내 목에 걸어준다. 오늘 입은 옷에 잘 어울리는 목걸이였다. 아내가 사용하던 것을 나의 목에 걸어준다? 이 마음은 무슨 마음일까? 하면서도 철부지처럼 좋아하며 반긴다. 오직 이 사람을 사랑하기에 아무런 이유와 조건을 달 필요가 없다. 이렇게 나에게 선물하고 아내를 상상하는 것 아니에요? 하니, 아니라고 한다. 그 마음이 소중한 거지. 불필요한 상상으로 마음을 어지럽힐 이유가 있을까. 일화가 좋아하는 모습을 보기 위해서인가요? 했더니, 우리 '여보'라 부를까 한다. 그렇게 불러도 좋다고 했다. 내가 좋은데 무엇이라고 부르면 어떤가. 그러나 나는 선덕 님이라고 부를 것이다.

교감

호암 미술관을 향해 출발했다. 30여 분 동안 자연 속을 달리는 길가에 숲이 있어 좋았다. 가는 동안 비가 오락가락한다. 목적지에 도착하니, 안내하는 사람이 미술관은 관람이 안 되고 미술관 정원만 관람할 수 있다고 한다. 정원도 요금을 내는데, 시니어들은 50퍼센트 할인해 준다며 신분증을 보자고 한다. 신분증을 내밀며 미술관은 언제 문을 여냐 물으니, 8월 말이 되어야 한다는 대답이 돌아온다. 주차하고 1시간 이상 정원을 거닐었다. 친숙하면서도 새로운 자연환경이기에 호기심을 갖고 걸었다. 여유로운 시간, 손을 꼭 잡고 거닐던 정원에서 무엇에도 걸림 없어 보이는 아름다움을 느낀다. 함께하는 이와 행복한 마음에 들면 최고의 순간이 아닌가. 미술관 정원에 비가 내리니 방문객이 거의 없다. 바람마저 순하게 불어 고요와 적막만이 가득한 정원 길을 호젓하게 둘이 걷는다. 마주 보며 이야기하다 사진도 찍고 모르는 식물을 보면 이름도 이야기해 준다. 말로만 듣던 계수나무를 정원에서 처음 보았다. 연못에 앉아 있는 새는 '가마우지'라고 한다. 이 새는 중국에서 고기를 잡을 때 이용한다고 한다. 새가 고기를 삼키지 못하도록 목구멍을 묶어 놓고, 새가 먹이를 먹어야 할 때는 그 목에 묶인 것을 풀어준다고 한다. 잔인하다. 자유롭게 날아다니며 살아야 할 새를 사람의 이익을 위한 도구로 썼다. 여행 작가이기도 한 선덕 님은 각 곳을 다니며 많은 견문을 쌓았을 것이다. 길고 짧음의 시간을 떠나 우리 삶에서 여행만큼 유익한 경험도 없을 것 같다. 분당으로 점심을 먹으러 가려다가 그가 집에 쌀을 씻어 놓고 왔다기에 목적지를 바꾸었다. 우리 밭에 들러 푸성귀도 챙기고 마트에 들러서 전복도 사려고 했는데, 마트에 재료가 없다고 해 그냥 선덕 님 집으로 갔다. 두 번째 방문한 나를 위해 식사를 준비하며 그는 음악을 들려주고 따뜻한 차도 건넨다. 집에서 나는 늘 누군가를 대접하는 사람이었기 때문에 이런 환대가, 융숭한 대접이 낯설었는데, 이제 조금씩 적응이 되어가는 느낌이다. 서재에 꽂힌 그의 첫 번째 시집을 손에 들었다.

침묵

『지금 내 눈앞에 조용히』 첫 장을 펼치니 '미소 짓는 바위가 되리.' "말하는 것은 괴로움이었습니다 무엇이든 표현하고 나면 항상 부족함을 느꼈기에 바위처럼 침묵을 지키는 것이 차라리 제대로 표현하는 길이었습니다"

바위가 되리

창문을 열어 놓았더니
봄내음이 방안에 가득해졌다
문득
바위도 봄을 느낄까 생각해 본다
움츠렸던 겨울을 지나 기지개를
펼 때에도
황석공과 청마 선생은
한갓 바위가 되어
생명도 망각한 채
꿈꾸어도 깨뜨려져도

소리하지 않겠다고 하였는데
나는
흐르는 물도
푸른 이끼도 찾아 들고
아지랑이도 피어오르는
미소 짓는 바위가 되련다

시편들을 음미하고 있는데, 그가 어느새 식탁으로 나를 안내한다. 점심상을 잘 차려 놓았다. 호랑이 콩을 많이 넣고 금방 냄비 밥을 지어 놓았다. 그는 이제 솥밥에 익숙해져 전기밥솥을 쓰지 않는 것이 오히려 편하다고 한다. 토마토를 올리브 오일에 굽고 달걀부침을 하고 우거짓국에는 닭고기가 들어가 있고, 김과 멸치도 있다. 이만하면 영양 만점 밥상으로 손색이 없다. 요플레에 생아로니아를 넣고 꿀을 넣은 후식도 준비되어 있다. 이런 재료들은 둘째 아들이 준비해 보낸다고 한다. 참 고마운 아드님이다. 선덕 님은 스스로 무엇이든 준비하는 것을 좋아한다며 함께 먹어줄 사람이 있어서 자신이 고맙다고 또 인사를 한다. 후식을 먹고 내가 설거지를 도와주겠다 하니, 또 나를 의자에 앉혀놓는다. 난 보던 시집을 다시 들었다. 설거지를 마치고 둘이 나란히 앉아 시를 낭송했다. 본인이 쓴 시지만, 다시 보니 새롭다고 해서 끝까지 번갈아 가며 낭송하는 시간을 가졌다. 시집의 마지막 편을 읽고 내가 말했다. 시집 있으면 저에게 한 권 주실래요? 첫 번째 시집과 두 번째 시집 『있는 것과 없는 것』을 선물 받았다. 이제 네 권의 시집을 모두 받았다. 시를 읽으면, 그 사람의 정신세계를 엿볼 수 있다. 시를 읽으면 시인이 무엇을 어떻게 생각하는지 조금 더 세세하게, 깊은 감정까지 알아챌 수 있지 않을까. 뜨거운 포옹을 하고 집으로 돌아오는 길, 푸른 밤이 깊어가고 있다.

계획

헤어지면서 다음 만남을 기약한다. 2박 3일 명상 프로그램에 다녀온 후 화요일에 만날 것을 이야기했다. 월요일 저녁에 통화해 그날의 계획을 정하자 했다. 다행히 그날 선약이 없었다. 나를 내려 주고 돌아가는 길에 갈 곳을 정했다는 문자가 왔다. 다음에 만나면 인천엘 가자고 한다. 벌써 계획을 세우셨느냐 놀란 목소리로 물으니, 서해바다에 가보자고 한다. 고맙다. 어떤 일이든 미루거나 기다리게 하는 법이 없다. “고마워요. 그럼 그때를 기다리며 우리 함께 기쁨으로... 사랑해요.” 사랑의 인사를 보내며 하트 이모티콘을 보냈더니, 하트의 개수가 늘었다며 좋아한다. 사랑하는 마음이 자랄수록 그 마음을 충분히 표시하려고 마음먹었다. 그 하트로 지구를 한 바퀴 돌 수 있는 만큼도 보낼 수 있다. 왜냐구? 사랑하니까. 젊어서는 마음을 표현하는 일이 너무 서툴러서 진짜 내 마음을 다 보여주지도 전달하지도 못했다. 더 일찍 이런 것을 알았더라면 얼마나 좋았을까. 닳아서 없어지는 마음도 아닌데, 그걸 그렇게 마음속에 꼭꼭 품고 인색하게 굴었던 이유는 무엇이었을까.

경주에서

예정했던 대로 경주 황룡사 중도타워에서 열리는 간화선 실참에 참가하기 위해 혼자 경주로 내려왔다. 해인사 백련암 일봉 스님의 법문이 있었다. 50여 명이 한 곳에 모여 본격 명상에 들어간다. 생활선 명상, 도반들과 함께 자연의 아름다움을 바라보는 기쁨의 시간. 지는 해를 바라보며 가부좌를 하고 앉았다. 이 뭣고? 무념, 무상, 무아.... 어느 곳이든 좌정하고 앉으면 고요하고 평화로운 시간이다. 반듯한 자세로 앉아 숨을 고르며 고요하게 순간에 집중한다. 화두를 들고 오직 일념 삼매에… 적요와 함께 고귀한 시간을 이어간다. 각자의 근기에 따라 살아가는 일상 중 ‘나’를 바로 보는 소중한 시간. 법문이 끝나고 방으로 돌아와 한방을 쓰는 형님께 남자 친구와의 만남을 이야기하니, 좋아하시며 함께 부산으로 여행을 가자고 한다. 마침 부산에는 친하게 지내는 비구니스님도 계시기에 그곳도 방문할 겸 잘 됐다고 생각했다.

선 명상

석굴암 앞에서 떠오르는 해를 보며 다시 입정에 들었다. 맑고 곱게 단순한 일상을 살아가기 위해 스스로 자기를 바로 보는 시간이 고요하다. 보고, 듣고, 맛보고 사유하며 자기만의 능력을 선하게 백 퍼센트 발휘하며 살아가기 위해, 나를 점검하는 시간이다. 무아라는 대전제 아래 단순하고 소박하게 이웃과 더불어 하나, 라는 마음으로 만나는 사람들, 겸손과 친절로 자기만의 재능을 발휘하며 평화롭게 살기를 발원하는 시간이다. 석굴암에서 떠오르는 여명을 바라보고 저녁에는 황룡사 절터 분황사에서 지는 해를 바라보며 명상을 마쳤다. 늘 행복한 일상이기에 어디를 가든 아름다운 인연들 속에서 함께할 수 있는 지금이 참 고맙다. 오고 가는 길에 마중을 오겠다는 시인의 배려를 사양하고 혼자 잘 다녀왔다. 꼭 필요하지 않을 때 타인에게 기대는 것을 나 스스로 허락하지 않는다. 집으로 돌아와 다시 일상을 이어간다. "고마워요. 아침이 왔습니다. 그대의 모습을 생각하며... 하루를 시작합니다. 신선 선, 큰 덕, 선덕(仙德) 님, 우리 함께 기쁜 날 맞이해요." "지난 며칠 멋대로 자라난 날개가 퍼덕이며 산 넘어 날아오르려 합니다. 분명 명상이라는 골짜기에 추락할 것임에 오로지 날개를 다독이며 참아라, 시간이 가면 명상의 골짜기에 바람이 일어 그 바람 타고 꿈처럼 날아오르리" "고마워요. 한마디 글에도 시성이 담긴 싱그러운 그대… 날개를 활짝… 광활한 우주를 함께 아름답게 수 놓아요. 행복 가득 담은 목민(木旼) 우리는 이렇게 날마다 아름다운 연인으로 감사해요.” “오늘은 없다. 내일이 있을 뿐이다. 나는 서편을 향해 외칩니다” “엄청 웃고 있습니다.” 다정하고 그리운 마음을 주고받는다. 내일이면 서해를 보기 위해 인천으로 향할 것이다.

이루어질지니

바다로 향하는 길, 에어컨 바람을 쐬자 금세 컨디션이 좋지 않다는 것을 느낀다. 에어컨을 끄고 창문을 열고 부채질을 한다. 자동차는 신나게 서쪽 바다를 향해 내달린다. 어느 곳을 가든 거칠지 않고 빙판을 가듯 매끄럽게 나가는 운전 솜씨가 좋다. 때문에 긴 시간을 가도 자동차에 있는 시간이 내게는 편안하다. 오늘 여행의 목적은 인천 영종도에서 석양을 보기 위한 것이다. 지난번에 서쪽 바다로 지는 해를 보고 싶다고 이야기했더니, 그것을 기억하고 실행해 준다. 노령에도 불구하고 청년 못지않은 행동파, 무엇이든 척척 해 주는 모습이 대단하다 싶다가도, 얼핏 지쳐 보이는 모습이 안쓰럽다. 그동안 너무 힘들었구나, 하는 마음에 더욱 속도를 내 부채질을 해준다. 며칠 간의 이야기를 나누다가 불쑥, 내가 아프면 돌보아 주겠다 하기에 나는 그런 걸 바라지는 않는다고 단호하게 말했다. 살면서 그런 시련을 한번 겪었으면 됐지, 두 번이나 같은 고통을 겪게 하고 싶지는 않다. 내 걱정은 말고 남은 시간 건강하게 보낼 수 있도록 관리 잘하길 바라는 마음뿐이다. 그는 워낙 음식을 적게 먹고 걷는 것을 좋아해서 걸음걸이도 아직은 반듯하다. 하루하루 생활도 규칙을 정해놓고 철저하게 지키니까 그 부분에 대해서는 크게 걱정하지 않기로 했다. "우리는 단 3일만 아프다가 서로 잘 살다 간다는 인사나 하면서 갑시다.” 이것이 남은 날에 내가 바라는 일이다. 우리 둘 다 그렇게 할 수 있을까? 모두가 마음먹기에 달린 일이기에 나는 그렇게 할 수 있다고, 그 어떤 상황도 이길 수 있다고 힘주어 이야기했다. 종교 화합으로 평화로운 세상을 꿈꾸며, 인류를 구원하고 싶은 소망을 실천하며 성지를 순례한 사람, 누구도 부럽지 않은 떳떳한 삶을 산 사람이기에 충분히 생의 마지막을 잘 정리할 수 있다고 나는 믿는다. “내 옆에 오래오래 있어 주길.” “오직 일편단심.” 나는 철부지처럼 깔깔 웃으며 이야기했다. 마주 보고, 손잡고, 걷고, 함께 이야기하며 사랑받는 왕비처럼 대해주는 이런 사람을... 어찌 사랑하지 않을 수 있단 말인가? 때가 되어 세상을 떠나게 될 때 우리는 분명 웃으며 잘살다 간다고 말할 수 있기를.

낙조 유감

송도로 이사 간 친구가 있다. 한 보름쯤 자기 집에 와서 머물러도 좋다고 했는데 아직 가보지 못했다는 이야기를 선덕 님에게 한 적이 있다. 나는 그 이야기를 했던 사실도 까맣게 잊고 있었는데, 선덕 님이 먼저 이야기를 꺼냈다. 영종도 간 김에 친구 집엘 가 보는 게 어떻겠냐고. 친구에게 연락하니, 이사하고 나서 첫 번째 방문객이라며 굉장히 좋아했다. 친구는 다과를 준비해 놓고 우리를 맞았다. 그러더니 처음 보는 선덕 님에게 미국에 사는 자기 오빠와 많이 닮아 깜짝 놀랐다고 한다. 오랜만에 만난 친구와 이런저런 이야기를 나눈다.

친구 집은 8층이라 바다가 보이는 전망 좋은 곳이었다. “서해의 낙조를 감상할 수 있는 뷰포인트네요.” 선덕 님이 말한다. “맞아요, 노을을 볼 수 있는 곳이라 참 좋아요.” 친구가 답한다. 친구의 말이 끝나자마자 선덕 님은 쉐라톤 호텔 중식당에 예약을 했다. 친구에게 선덕 님의 네 번째 시집을 선물하고 식당으로 옮겨갔다. 이런저런 이야기로 재미난 분위기에서 저녁을 함께했다. 이른 저녁을 먹은 후, 친구 집에 와서 여유롭게 멋진 낙조를 보여주기 위한 것이었다. 그러나 계획은 그의 뜻대로 이루어지지 않았다. 식사가 끝난 후, 돌아오는 길에 주차장에서 시간을 많이 흘려보냈다. 출구가 여러 곳이라 차를 찾느라 시간이 걸렸다. 집으로 돌아오는 시간이 늦어졌고, 밤 운전을 하는 모습이 힘들어 보였다. 이제 가능하면면 거리는 운전하고 다니지 말아야겠다고 생각했다. 며칠 후 시집을 읽었다며 친구가 전화를 걸어왔다. 가슴 뭉클한 사연들에 여러 번 눈시울을 적셨다고. 이웃에 사는 친구도 시집을 읽고 필사를 했다며 연락해왔다. 아내에게 극진한 사랑을 베푼 그 마음과 사연에 감동했다고 한다. 그런 사랑을 받은 여인은 조금 일찍 세상을 떠났지만, 정말 행복했을 것이다. 살다 보면 사랑의 한계를 느끼는 순간들이 있다. 물질만능 시대인 지금, 내 몸이 조금만 불편해도 요양원이나 요양병원으로 환자를 보내는 일이 일반적인데, 이런 사랑을 실천했다는 것이 놀라울 것이다. 특히 같은 여자의 입장에서 보면, 더욱더 남의 일 같지 않을 것이다.

추억

선덕 님이 친구 이야기를 들려주었다. 함께 교회 다니던 친구가 세상 떠난 아내를 좋아했는데, 얼마 전 그 친구와 아내의 산소에 갔었다고 한다. 함께 갔던 친구가 젊을 적 사진을 보내주었다며 내게도 보내왔다. 그 사진을 보며 '날쌘돌이'란 말이 먼저 떠올랐다. 사진 속에 반짝반짝 빛나는 외모와 당당해 보이는 눈빛을 보니, 인생의 변곡점을 거치며 나이 들고 시들어가는 생명의 유한함을 다시 돌아보게 되었다. 한편으로는 소중한 사람을 만났으니 온화하게, 또 다른 면으로는 철부지처럼 항상 웃으며 대하려고 한다. 그의 집에는 젊었을 때 아내의 사진이 곳곳에 있다. 작은 액자, 큰 액자, 침대방에도 글 쓰는 책상에도, 그림 그리는 화실과 거실에도 아내 사진이 놓여있다. 아내의 잠옷과 옷들도 다 보관하고 있다. 아내가 쓰던 챙이 넓은 하얀 모자도 트렁크에 들어있다. 보관할 곳이 마땅치 않아 그곳에 넣어두었다고 했다. 그 물건들을 보면서 나도 모르게 중얼거렸다. 정이란 그런 것이지. 돌아간 지 겨우 1년, 함께 살아온 시간에 비하면 그것은 얼마나 짧은 시간인가.

대소변을 돌보며

대소변을 발견하면 춤이라도 추고 싶다
아니 고맙기도 하다 살아 있으니
하루 종일 소변 한 방울 내리지 않을 때
타들어 가던 가슴, 그 말라가던 가슴에
매화가 핀다 웃음이 피어난다
여보, 잘했어!

그의 삶

만인이 함께 기도할 수 있는 기도처를 찾아 세계 속에 기도하는 집. 1964년, 고등학생이던 나는 어느 날 북한산에 올라 언젠가는 교회를 세우겠다고 다짐한다. 1994년, 20년간 몸담았던 직장에 사표를 내고 자유인이 된다. 인생 후반에 해야 할 일을 찾아 세계를 돌기 시작했다. 1993년 40대 중반이던 나는 20년 동안 잘 다니던 안정된 직장을 뛰쳐나온다. 40대에 화가가 되어 타히티로 간 고갱처럼 나도 늦게나마 나의 삶을 살고 싶었던 것이다. 회사에서의 삶은 내가 없는 삶이었다. 아무리 안정된 장래가 보장되어 있었어도 나는 나 자신을 잃어버린 삶을 계속하면서 내 인생을 허송할 수는 없다고 생각한다. 나는 내 인생의 후반에 예수가 제자들의 발을 씻겼던 일처럼 무엇인가 나를 낮출 수 있는 일을 하며 살고 싶다. 그러나 생활이 되어야 했다. 내가 연구 끝에 찾아낸 것이 여행사였다. 헌신적인 생활이 되면서도 나를 낮추어 남에게 기쁨을 줄 수 있는 업종이라고 생각했다. 다니던 회사에서 창업 자금을 빌려 여행사를 차리고 새로운 인생을 시작하였다. 남을 기쁘게 해 주겠다고 시작한 나의 제2의 인생이 여러 해 늘어나는 빚에 짓눌려 있던 1998년, 대한민국은 IMF 체제를 맞게 된다. 이자는 천정부지로 올라갔고, 환율이 갑자기 두 배 이상 치솟아 여행객은 찾아볼 수 없게 되었다. 남을 기쁘게 해주려고 해도 기뻐할 사람들이 없는 상태가 되어 버린 것이다. 이자는 감당할 수 없게 늘어나고 있었다. 하는 수 없이 살고 있던 분당의 아파트를 처분하려고 내놓았다. 그러나 이를 사려는 사람을 찾아볼 수 없었다. 매도 희망 가격은 점점 내려갔다.

_『에덴으로 가는 길』 중에서

그 이름의 뜻이 '마지막 항구'라는 의미를 가진 포르토피노는 조그마한 중세의 어촌이 유명 관광지로 탈바꿈한 곳으로, 유명 인사들이 많이 찾아오는 명소다. 히틀러의 애인 에바 브라운도 이곳 스프렌디도 호텔에서 휴가를 보낸 적이 있다. 제노아에서 38킬로미터 남동쪽에 있는 중세의 어촌은 지금은 식당과 호텔 그리고 고급 패션 쇼핑가가 되어 있다. 대부분의 성당 실내가 어두운 데 반해, 이 성당은 사방의 창에서 햇빛이 가득 들어와 스테인드글라스가 찬란하게 빛나고 있었다. 실내는 태양의 축복이 가득한 듯 환해 들어서는 순간 마음에 기쁨이 샘솟아 오르는 곳이었다. 저절로 신을 찬양하게 하는 곳이었다. 성인의 옷 조각 앞에 서니 의아한 생각이 들었다. 옷 조각이 무슨 가치가 있을까? 그러나 환한 햇빛이 가득한 흰 벽 사이에 앉아 명멸(明滅)하는 스테인드글라스를 보며 나는 기쁨을 느끼고 있었다.

_『에덴으로 가는 길』 중에서

나의 삶

나 또한 IMF 때 시련을 겪었다. 남편의 사업이 바닥으로 추락해 높은 이자를 감당할 수 없었다. 용인에 있는 땅과 반포아파트를 정리하고 나니, 오고 갈 집이 없어졌다. 서울 생활을 청산하고 지금 사는 집으로 피난 아닌 피난을 와 살게 되었다. 우리 부부는 서울 생활에 익숙한 사람들이었다. 서울을 벗어나야만 하는 상황이 되었을 때, 남산에 올라가 시내를 바라봤다. 저렇게 많은 집이 있는데, 우리만의 반짝이는 행복의 보금자리가 없다니. 그 아픔을 어떻게 말로 다 할까. 서울에서 쫓

기듯 내려가야만 하는 참담함을. 우리 부부의 가슴 아픈 상황을 누가 이해할 수 있을까. 이곳으로 옮겨온 뒤, 성실한 남편은 좌절하지 않고 꿋꿋하게 버텼다. 어떤 일이든 마다하지 않았고, 일일 노동직에서부터 자동차 세차까지 할 수 있는 일은 가리지 않고 다 했다. 그렇게 열심히 살던 사람이 어느 날 훌쩍 저세상 사람이 되었다. 그때 삼 남매 모두 짝을 찾아 결혼했고 실 만한 환경이 되었는데, 훌쩍 바람처럼 가버린 것이다. 약속하기 그지없던 사람. 힘들고 어려운 일이 겹치면 사람들은 말한다. 시간이 약이라고! 나 또한 어려운 누군가와 이야기하다 보면 똑같이 말했었다. 시간이 약이니, 지금을 견뎌보라고. 완벽한 말은 아니지만, 사는 동안 그 말이 어느 정도 위로가 되었고 다시 일어설 힘도 되었다. 시간이 많이 지났고, 나는 아픔으로부터 몇 발짝 물러나 있다. 그런대로 건강도 유지하며 살고 있다. 지금의 나를 돌아본다. 인생은 꿈꾸는 자의 몫이다. 부족하지만, 나는 지금도 쉬지 않고 공부하고 새로운 경험을 쌓아가며 인생의 값진 한 페이지를 늘려가고 있다.

월요일

아들을 기다리며 『에덴으로 가는 길』을 다 읽었다. 젊음이 왕성한 시절, 원 없이 부부가 함께 세계의 성전들을 찾아 발을 내디뎠던 사람. 참으로 의미 있게 잘살아온 것 같다. 아들은 3시쯤 온다고 했으니, 4시 정도면 돌아갈 것 같은 예감이 든다. 완독한 느낌을 말하고 싶었으나, 차분하게 시간을 갖기로 한다. 아들이 돌아간 다음 다시 통화하기로 했다. 그는 기다리는 일도 기쁨이긴 하지만, 매 순간 순간이 길게 느껴진다고 한다. 그를 기다리게 하는 시간이 살짝 미안하기도 하지만, 통화할 시간을 미룬다. 요즘 글 작업이 잘되고 있는 모양이다. 매 순간의 긴장이 머리를 자극하는 덕분인지 의외로 사고 범위가 넓어지며 글이 잘 써진다고 한다. 마침 막혔던 부분도 한고비 넘기는 중이라니 다행이다. 요즘은 날마다 새날이라는 말이 부족하지 않게 느껴진다. 뜻하지 않은 상황이 날마다 일어나고 분주한 듯싶다가도 금세 그 일로 하여 새로운 에너지를 얻는 기분이다. 그의 초대를 받아 저녁을 함께 했다. 정성껏 준비하고 같이 먹는 음식이 성찬이다. 『내가 본 아름다운 마을들』이라는 책을 읽기 시작했다. 모두 11권의 책을 낸 선덕님. 그의 책을 읽다 보니 '우주의 고동이 느껴지는 마을들'이라는 페이지가 눈에 들어왔다.

퍼스에서 남쪽으로 두 시간 가까이 차를 달려 바닷가 마을 만두라Mandurah에 갔다.

만두라는 해안에 위치한 리조트 마을이다. 붉은 기와 지붕에 하얀색의 벽이 있는 스페인풍의 집들이 아름다움을 더해주는 이곳에서 나는 아직껏 한 번도 본 일이 없었던 장대한 낙조를 만난다. 그것은 장대하다고밖에 표현할 수 없는 그야말로 장엄한 황혼이었다. 마치 모든 표현하기 어려운 다양한 빛을 푸른 하늘에 흩뿌리고 있었다. 어린 시절 부친을 따라 여행하며 서해안의 낙조를 맞던 기억이 살아났다. 당시의 기억으로 낙조 그 자체보다는 황홀한 순간을 사진에 담으려 노력하시던 부친의 모습이 더 남아 있었던 줄 알았는데, 의외로 나의 기억 속 깊이에는 그 아름다웠던 순간이 나의 일부가 되어 살아남아 있었던 모양이다.

_'우주의 고동이 느껴지는 마을들' 중에서

여행기를 읽으며 마음이 포근해진다. 가본 적은 없지만 장엄한 노을빛이며 스페인풍의 주택들이 떠오르고 이어지는 부자지간의 모습이 언젠가 한 번은 본 듯한 풍경으로 그려진다. 아름다운 것을 아름답게 느낄 수 있는 감성, 자연에 흠뻑 빠질 수 있는 마음까지, 나와 닮은 꼴이 많은 사람임을 거듭 확인하게 된다. 어떤 상황에서 마음이 잘 맞는다고 생각했을 때 갖게 되는 기쁨이 바로 소통의 기쁨이다. 그는 직접 보고 듣고 체험했지만, 나는 그의 글을 통해 간접적으로 경험하면서도 그때 그만이 가졌던 감성을 그대로 느낄 수 있다. 마음이 잘 맞으니, 시간이 여유로울 때 손잡고 산책도 하고 그네에 앉아 도란도란 이야기도 나눈다. 이곳이 에덴! 그곳으로 가는 길 위에 우리가 있는 것이 아닐까.

건강검진

나는 요일마다 하는 일이 정해져 있다. 전문 플래너의 관리를 받는 듯 어느 날은 온종일 도서관에 앉아서 책을 읽거나 공부한다. 선덕 님도 이제 나의 스케줄을 알고 있어서 약간의 편리한 점이 생겼다. 얼마 전부터 선덕 님 오른쪽 종아리에 단단한 옹이처럼 무언가가 솟았다. 쥐가 자주 나서 주무르다 보니, 다리에 파랗게 멍이 들었다고 하면서도 막상 병원에는 가지 않는다. 그런 그가 오늘은 건강검진을 받는다기에 칭찬을 했다. 검진받으며 종아리 사진도 찍어 보라고 여러 번 말했다. 내 말을 들을지는 미지수지만, 불편함의 원인을 알고 제대로 된 처방을 받아야 하지 않을까? 요즘에는 서로 어, 하면 아, 하고 통하는 단계까지 이른 것 같다. 호흡이 척척 맞는 파트너가 되었다. 그 집으로 내가 가는 날이면 선덕 님은 식사에 신경 쓰는 주부가 된 것 같다. 나는 아침을 안 먹는데, 그는 아침을 정확하게 챙겨 먹는다. 저녁은 아주 간단하게 먹고 규칙적인 생활이 몸에 배어 있다. 식사하고 나면 소화를 위해 하루에 세 번, 30여 분 산책도 한다. 나는 식성이 까다롭지 않아 챙겨주는 아침을 감사히 먹는다. 이 나이에 이런 복이 있다니. 내가 삶을 거꾸로 사는 것 같은 생각이 든다. 그런 배려와 대접을 받고 나니, 명상하러 우리 집에 오시는 도반들 생각이 났다. 그래서 명상하러 오신 도반들을 위해 모처럼 점심을 준비해 대접했다. 모두 왕비가 된 듯 대접받으시고 행복해하시라고. 그분들도 행복했던 순간에 나와 같은 기분을 느끼셨으면 좋겠다. 4년여 시간이 흐르는 동안 함께 명상해 온 도반들, 모두 행복하셨으면 좋겠다.

다짐

나는 85세까지 살겠다는 생존 선을 정해놓고 산다. 그런 이야기를 선덕 님께 하니, 그 나이까지는 살 수 있다고 장담한다. 우리는 단 3일만 아프다 잘 살다 간다는 마음으로 웃으며 가자 하니, 그렇게 할 수 있나? 하고 묻는다. 물론 우리는 그렇게 할 수 있다고, 그래야만 우리들의 일상이 아름다웠다는 것을 알게 될 것이라고 자신 있게 말했다. 기쁘게 살자. 웃음을 가득 머금고 우리들의 나날을 만들어 가자. 아직은 목소리도 듣기 좋고 싫은 점도 발견하지 못했다. 약간의 고집은 있지만, 그 정도는 험한 세상을 살아가는 방법의 하나로 이해하기로 한다. 내 고집도 만만치 않다고 딸이 항상 말하니, 이건 완전히 쌤쌤이다. 건강검진을 잘 받았고 외과에서 종아리 사진도 찍었는데, 아무 이상도 발견되지 않았다고 한다. 다만 걷는 양을 좀 줄이라고 했단다. 뭐든 과하면 문제가 생긴다더니, 건강을 염려해 너무 많이 걸은 게 원인이었나 보다. 처음 설악산 여행에서 종아리에 쥐가 나 소스라치게 놀라는 모습이 떠올라 신경이 쓰였었다. 다행이다. 모든 일이 순조롭게 이루어지길 바라는 마음이다. 나로 하여 걱정할 일은 없다. 아직 건강하고 특별히 번잡한 일 없이 단순하고 소박하게 살고 있으니. 하지만 내일 일은 아무도 모른다. 겸손하게 또 하루를 맞이하자.

번뇌

한 사람을 사랑하면 그로 인해 번뇌가 생기는 것은 당연하다. 건강하면 그 이상 무엇을 더 추구하겠는가? 내가 말하면 무엇이든 바로 실천하는 사람. 나는 오직 그 사람의 존재 자체에만 관심을 갖는다. 외로움의 터널에서 벗어나 환한 빛 속에서 기쁜 마음을 느끼고 간직하고 살아갈 수 있으면 한다. 그는 나에게 요정이라 말한다. 천진하게 자연스럽게 기쁘게 살아갈 수 있기만을 바라는 나의 행동에서 그런 모습을 보았나 보다. 글을 쓰고 그림을 그리는 노년, 인연의 연기에 의해 참된 만남으로 이어지기를 바라는 마음이다. 오직 그에게 맞추어 일상을 보낼 수 있다면 이 또한 나의 행복이다. 그는 무엇을 원하지 않는다. 오직 자기 옆에 따뜻한 사람으로 오랫동안 있어 주길 바란다. 그가 쓴 첫 번째 여행기를 선물 받았다. 32년 동안 끊임없이 세계를 돌고 돌며 열정으로 기록한 책! 이 책은 한 권의 여유도 없는 줄 알았는데, 다행히 아파트 도서관에 열한 권의 책을 기증하고 한 권이 남아 있었다고. 단 한 권이. 내게로 오기 위해 단 한 권이 남아 있었나 보다.

갈등의 시작은
신과의 갈등에서?

인간의 갈등은 신과의 갈등으로부터 시작되었나? 이브가 금단의 열매를 따 먹음으로써 하느님의 규칙을 어기게 되고, 이로 말미암아 아담과 이브가 에덴에서 추방되는 최초의 갈등 현상이 생기게 되었다. 아브라함이 이삭을 제단에 올릴 때도, 모세가 광야에서 밤새워 피의 투쟁을 할 때도 신과의 갈등이 있었다. 희랍 신화에도 신과 갈등하는 인간들의 모습이 나온다. 프로메테우스가 인간에게 불을 가져다준 사건으로 대단히 불쾌해진 제우스에게 또 한 가지 묵과할 수 없는 일이 생겼다. 프로메테우스가 신의 제사상에 올리는 제물인 고기를 먹기 좋은 부위는 전부 사람이 먹게 하고 기름덩이와 뼈뿐인 제물을 보기 좋게 위장하여 제우스에게 바치게 하는 사건이 생긴 것이다. 제우스는 어쩔 수 없이 그 사태를 용인하였으나 잊을 수는 없었다. 복수할 기회를 노리던 제우스에게 좋은 생각이 떠올랐다. 외양은 아름다우나 그 내용은 모든 나쁜 것들의 모둠인 여자를 만들어 인간에게 주자는 생각이었다. 제우스는 누구나 첫눈에 사랑에 빠질 정도의 미모를 갖춘 판도라를 만들어 사람에게 선물한다. 판도라는 모든 악한 것의 화신이었다. 그 이후로 사람들은 판도라가 가져온 모든 악한 것들과 갈등하는 관계가 된 것이다. "미친 듯 세계를 돌던 저의 눈에 보인 세계에는 많은 경계가 있었습니다. 국가

간에는 국경이 있었고, 사람들 사이에는 자기들만의 네모진 하늘 속의 신이라는 마음속의 울타리가 있었습니다. 이 경계들로 인하여 지구상에는 갈등이 끊이지 않아 왔습니다. 땅이 모양을 갖추기 시작한 후 30억 년 동안 이 지구도 역시 합쳐지고 나누어지며 남과 북이 바뀌었을 뿐 아니라 바다가 땅이 되고 땅이 심해 속으로 들어가 버리는 지구적 갈등의 연속이었습니다. 그래서 이 책은 탄생이 되었습니다. 갈등을 화해로 마무리 지은 이야기, 네모진 각이 없는 원래의 하늘 이야기를 하려는 것입니다."

_『내가 본 네모진 하늘』 중에서

호암 미술관

호암 미술관에서 20세기 현대미술의 거장 루이즈 부르주아(1911- 2010)전을 보았다. 1982년 뉴욕 현대미술관에서 열린 개인전을 계기로 루이즈 부르주아의 이름은 전 세계적으로 알려진다. 덧없지만 영원한 인생과 예술가 루이즈 부르주아. 거미 마 망 어머니와 페미니즘의 상징. 마 망(Maman)은 프랑스어로 '엄마'. 1911년 파리에서 태어나 2010년 뉴욕에서 사망했다. 꿈이 있다. 100세를 산 루이즈 부르주아. 우리는 앞으로 쉼 없이 정진할 꿈이 있다며 함께 웃었다. 평화로운 일상에서 글과 그림의 완성을 향해 끊임없이 정진하길 바라는 마음이다. 할 수 있을 때까지 본인만의 정신세계를 글로 그림으로 표현할 수 있기를 희망한다. 루이즈 부르주아 작가도 100세에 사망했는데, 많은 즉흥적인 작품을 탄생시켰다. 꿈이 있는 길은 항상 정진의 길이 된다. 아름다운 노을을 바라보듯 아름다운 표현을 할 수 있는 작가라 더욱 고맙고 소중하다.

컴퓨터 앞에서

선덕 님이 종합검진 받은 결과가 나왔다. 흉부과에서 병원에 한 번 더 나오라고 해서 가는 날이다. 아내를 간병하면서 얼마나 많은 시간을 병원에 드나들었을까. 이럴 때 누군가 동행해 준다면 힘이 될 것 같아 함께 가주고 싶었다. 지금은 그때와 상황이 다르다. 그동안은 종합검진을 받지 않았다고 한다. 나를 만난 후 처음으로 본인의 건강검진을 받기로 했단다. 나를 슬프게 하고 싶지 않기에 종합검진을 받았다는 그 마음이 고마웠다. 담당의사가 사진을 보여주며 폐에 이상이 있으니,

CT 촬영을 권한다. 선덕 님은 대학 1학년 때 결핵을 앓은 적이 있다고 의사에게 이야기한다. 결과는 토요일 오전에 보러 가기로 했다. 운전해 나를 집으로 데려다주고 들어와 잠깐 안마기에 앉아 졸았다. 이른 저녁으로 간단한 식사를 하고 현관에서 나를 포옹하고 돌아서며 눈시울을 적시려 한다. 난...? 그를 향해 무심코 한 마디가 나왔다. "또 울어요?" 눈물이 난다는 시어가 자주 나와 친구 하기로 했던 그 순간이 떠오른다. 그런 마음은 지금도 변함없다. 나이가 든 우리에게도 편안한 이성친구가 필요하다. 물론 동성 친구로 만족하며 살 수도 있지만, 생물학적으로 남자와 여자가 함께 기대어 노후를 보내는 다정한 모습도 복중의 복이라 생각한다. 서로 기대어 있는 것을 형상화한 것이 사람 인(人) 자라고 한다. 말할 대상이 없는 외로움은 겪어본 사람만이 이해할 수 있다. 또한 누가 누구를 그리워하며 지낸다는 것은 건강하기에 가능한 일이다. 내가 쓴 시나리오 마지막 부분을 수정해 읽어 주었더니, 나와는 다른 방향에서 이야기하는데 남자다운 강인한 면을 엿볼 수 있었었다. '남자주인공이 아픈 여자주인공에게 친구 하자고 손을 내미는데, 그 순간 여자주인공이 쓰러졌다.' 그 장면에서 여자의 건강이 좋지 않다는 것을 알아차리도록 하고, 그런 모습에도 적극적이고 강하게 행동하는 남성의 모습을 배경으로 이야기하는 것이 남자다움을 느끼게 했다. 안아주는 것으로 하는 것보다 여자주인공이 쓰러져 119 앰뷸런스를 타고 가는데, 뒤따라 뛰어가는 모습으로 마지막을... 시나리오를 다시 생각하며 수정 방안도 고려해 본다. 교회

장로인 성 샘에게 시집에서 기억에 남는 시편을 부탁했다. 여행기는 천천히 음미하며 간접 여행을 하라고 말했다. 이틀 후 성 샘은 '숟가락 하나면 되는데'와 '나비가 되었구려'가 마음에 여운을 남긴다고 소식을 보내왔다.

나비가 되었구려

붉은 오름의 정상에서 나는 제주에 온 후, 한 번도 보지 못했던 제비 닮은 까맣고 커다란 나비들의 군무를 보았다. 어머니가 돌아가신 후 집 정원에서 나를 에워싸던 작은 흰나비들의 군무를 경험하고 이제 처가 떠난 후 검은 나비들의 군무를 만난 것이다.

_『뻐꾸기 한 마리 날아오르다』 중에서

응원

아침에 우리 두 사람을 만나보고 싶어 점심을 사주겠다는 형님의 전화를 받았다. 화요일에 점심을 하기로 했다. 주위 친구들은 뒤늦게 좋은 친구를 만나 다행이라며 좋아하고 부러워한다. “선덕 님은 일화 덕분에 스타가 되었네” 놀리며 깔깔 웃는다. 내가 선택한 사람이기에 다른 바람은 없다. 그냥 친구로 지내며 안정된 환경에서 각자의 꿈을 실천하고 창작활동에 전념할 수 있기를 바란다. 황혼의 길을 손 꼭 잡고 숨 쉬는 순간까지 건강하게 정진할 수 있기를 바랄 뿐이다. 불타던 여름이

물러가고 가을이 다가오고 있다. 거리의 은행나무에는 누렇게 달린 은행이 계절을 대변한다. 그는 벌써 지리산으로 가을 여행을 하자고 예약을 하고 겨울 여행은 제주도로 예약했다. 너무 힘들지 않게 물 흐르듯 자연스럽게 시간 속에 천천히 익어 향기 나는 노년의 삶이 되길 바란다. 이 모든 것이 꿈이 아니길 바라며, 바쁘게 움직인다.

CT 재촬영 결과를 보러 가는 날. 비가 밤사이 계속 내리다가 멈추고 날씨는 산뜻했다. 병원은 사람들로 혼잡하고 나는 상담안내실로 갔다. 안내해 주는 직원은 친절했다. 웃는 얼굴로 나와 눈을 맞추며 이야기한다. 2차 병원과 3차 병원 중 한 곳을 선택해 진료를 받으라고 설명해 준다. 3차 병원을 선택하자 상담사가 예약까지 해 준다. 상담사가 전화상으로 말했던 6.5라는 숫자가 무엇을 말하는지 물었다. 그것은 질환 부위의 넓이와 관계된 것이며 조직검사를 받은 후에 좀 더 자세한 설명을 듣게 될 것이라고 한다. 궁금한 점을 친절하게 대답해 준 것에 대해 고맙다고 인사하며 병원에서 받은 자료를 들고 주차장으로 향했다. 마음속으로 내내 크게 심각한 상황이 아니기만을 기도했다. 우리 집으로 와 동네 산책로를 잠시 걸었다. 딸 가족과 점심 약속이 되어 있어서 선덕 님을 혼자 돌려보내기가 좀 안쓰러웠다. 집밥을 좋아해 밖에서 먹는 것을 별로 좋아하지 않으니, 어서 집으로 갈 수 있게 하는 것이 돕는 것일 수도 있겠다. "울면 안 돼요?" "그래! 울지 않을 거야. 울 일 있으면 같이 울자!" 자동차를 타고 그가 집으로 돌아갔다. 나는 버스를 타고 역으로 가면서 이런저런 상념에 잠긴다. 우리가 만난 지 얼마 되지 않았는데, 건강에 이상이 발견되다니. 호사다마(好事多魔)란 이럴 때 사용하는 말인가? 예측할 수 없는 일이 불쑥 생겨나는 것이 우리 인생이니까. 그저 일어날 때가 되어 일어나는 일이라고 생각한다. 현실을 겸허한 마음으로 받아들이자고 마음먹는다. 9월이 깊어간다. 하늘은 높고 파란데, 구름은 징검다리처럼 허공에 떠 순백의 향연을 펼친다. 인연에 대해 생각하는 동안 버스는 시내 깊숙이 들어선다.

러브 스토리

초판 1쇄 인쇄 및 발행 2025년 11월 11일

지은이 임순덕

펴낸이 정창득
편집 전현서, 이종숙
디자인 스튜디오 달사람
moonmanstudio@naver.com

펴낸곳 도서출판 얘기꾼
연락처 T. 070.8880.8202 F. 0505.361.9565
E. batistaff@naver.com
주소 서울시 종로구 삼일대로 30길21, 1214호

ISBN 979-11-88487-40-0 03810
출판등록 2013. 1. 28 [제300-2013-124호]

© 임순덕 2025